基于核心素养的
中学生物学教学
实践探索

李遂梅◎著

东北师范大学出版社

长　春

图书在版编目（CIP）数据

基于核心素养的中学生物学教学实践探索 / 李遂梅
著. — 长春：东北师范大学出版社，2021.7
ISBN 978-7-5681-8220-1

Ⅰ.①基… Ⅱ.①李… Ⅲ.①生物课—教学研究—中
学 Ⅳ.①G633.912

中国版本图书馆CIP数据核字（2021）第144900号

□责任编辑：石　斌　　　　　□封面设计：言之凿

□责任校对：刘彦妮　张小娅　□责任印制：许　冰

东北师范大学出版社出版发行

长春净月经济开发区金宝街 118 号（邮政编码：130117）

电话：0431-84568115

网址：http：//www.nenup.com

北京言之凿文化发展有限公司设计部制版

北京政采印刷服务有限公司印装

北京市中关村科技园区通州园金桥科技产业基地环科中路 17 号（邮编：101102）

2021年7月第1版　2021年8月第1次印刷

幅面尺寸：**170mm×240mm** 印张：**13.5** 字数：**210千**

定价：**45.00元**

前言
FOREWORD

　　学生发展核心素养在学科领域具体化为学科核心素养，学科核心素养是指学科教育给予学生未来发展所需要的关键能力和必备品格。其实质是学生顺利完成学习理解、应用实践和迁移创新的学科认识活动和问题解决活动的稳定的心理调节机制，即学生的学科能力。

　　学科教育是实现上述培养目标的基本途径，学科教育的核心宗旨是培养中学生的人文和科学素养，而相应的学科能力则是人文和科学素养的核心构成，所以对中学生学科能力表现进行深入系统的研究是基础教育素质教育改革的需要。国内外的正规教育体系都是基于学科课程教学的。

　　随着生物课程改革的不断深入，传统的生物学教学方法已经不能适应素质教育的要求和中学生学习的需要，亟须广大教师转变教学观念，在汲取精华、剔除糟粕的同时创新教学手段，用多样化的教学方法激发中学生学习生物学的兴趣，并培养中学生的探索能力、自主学习能力和团结合作精神，培养学生的生命观念、科学思维、科学探究和社会责任等生物学学科核心素养，使他们发展成为实用型的人才。

　　在编写过程中，本文参考了大量的资料，由于作者的学识水平有限，加上时间较为仓促，书中疏漏与错误之处在所难免，在此恳请各位专家学者、广大师生与其他读者不吝赐教。

目 录
CONTENTS

第一章

核心素养内涵简析

第一节 核心素养的发展

在信息化、全球化、知识经济时代，教育面临前所未有的机遇与挑战。学生核心素养的形成不仅能够促进其全面发展，而且有助于更好地发挥其在未来社会发展中的作用。为了实现这一目标，国际组织和各主要发达国家纷纷建立起相应的核心素养体系，并以此启动基于核心素养的教育改革。

我国学生核心素养模型的构建还处在探索阶段，这一阶段特别需要处理好以下几种关系：其一，既要关注各国、各组织已有的宝贵经验，又要观照我国的国情和教育实践；其二，既要着眼时代发展的需求，又要立足本国的历史基因；其三，既要注重教育发展的内在逻辑，又要关注服务发展的社会诉求。如此，在本土与全球、时代与历史、内生与外促的关系思维中，构建具有中国特色、符合中国实情的学生核心素养发展体系，并以此推动人才培养体系改革和课程教学改进，具有重要的理论和现实意义。

1997年，经济合作与发展组织（Organisation for Economic Co-operation and Development，以下简称"经合组织"或"OECD"）启动"素养的界定与遴选：理论和概念基础"项目（Definition and Selection of Competencies：Theoretical and Conceptual Foundations，以下简称"DeSeCo"）。接着，欧洲联盟、联合国教科文组织，美国、日本等国家纷纷开始研制学生核心素养框架，这些已有的探索为我国建构学生核心素养框架提供了宝贵的经验。当然，建构符合中国学生实际的核心素养体系还需要切实把握好我国的教育发展实际。基于这样的思考，我们对世界范围内核心素养已有的探索进行了回顾与分析，并充分观照我国教育和学生发展的实际展开探讨，以期廓清并奠定我国学生核心素养体系建构的基础。

一、国内外人才培育的趋势所向

DeSeCo项目的启动是核心素养研究的标志性事件。该项目从跨学科的视角，旨在确定完善的核心素养框架，这些素养既是现代民主社会中有意义的生活所需，也是应对当前和未来的技术变革和全球化挑战所需。该项目研制的核心素养总体框架为世界各国纷纷建立本土化的核心素养指标体系提供了重要的参考。DeSeCo项目研究的旨趣在于探明个人的成功生活和社会的良好运行需要个体具备什么样的素养，由此确定核心素养的过程就是通过分析社会和个人的愿景，充分考虑文化背景和人口的多样性，构建理论模型和界定概念，通过协商，达成共识。

核心素养框架包括使用母语交流、使用外语交流、数学素养与基本的科学技术素养、数字化素养、学习能力、公民与社会素养、主动意识与创业精神以及文化觉识与文化表达共计八个领域，每个领域均由知识、技能和态度三个维度构成。这一核心素养框架是欧盟教育和培训的总体目标体系，其核心理念是使全体欧盟公民具备终身学习力。它的突出特点在于统整了个人、社会和经济三个方面的目标与追求。就个人的自我实现与发展而言，核心素养必须为个体追求个人生活目标提供支持，为个人兴趣、梦想及终身学习的愿望提供动力；就社会生活而言，核心素养应该帮助个人建立公民身份、行使公民权利、积极融入社会；在经济方面，核心素养应让每个人都具备工作的能力，在劳动市场中找到合适的工作，为欧盟的全球竞争力提供保障。

进入21世纪，美国政界、商界、教育界形成了一个全国性的21世纪技能伙伴组织，参加的单位有政府部门、商业机构、包括美国图书馆协会等在内的多个民间组织，北美大部分高校的相关研究人员参与了研究工作。

二、我国素质教育的发展走向

伴随着改革开放的号角，我国教育迎来了快速的发展。邓小平同志在领导教育领域拨乱反正的过程中敏锐地意识到劳动者素质的高低是决定国力强弱、国家兴衰、经济发展后劲大小的决定性因素，开始思考如何将素质纳入教育发展中，"素质教育"理念迎来了萌芽之春。素质教育在政府主导下全面铺开，给各级各类学校课程设置、教学实践带来了较大的影响，也为新一轮基础教育课程改革奠定了基础。此后的十年，素质教育的开展在课程建设、教材优化、师资建设、教学创新等各方面都取得了重大进步。

素质教育发展至今，取得了一定的成绩，但仍存在着诸多问题，集中表现在学生总体发展水平不高，片面发展严重，可持续发展能力不够强。迫于升学压力，教学目标囿于对知识技能的盲目追求，造成中学生课业负担过重，身心健康受到严重损害，学习能力、创新能力、生存能力、心理素质等匮乏，以分数为本的教育导致了人的异化而不是人的解放，学生素质不能适应自身可持续发展的要求，不能适应经济社会变革的要求，不能满足国际竞争的要求。

受国际教育潮流的影响，也缘于本土教育发展的需要，我国已开始研究学生核心素养体系，努力研制基于核心素养的教育或课程标准，期望在核心素养统领下推动并深化课程改革。

第二节 核心素养的内涵

"核心素养"已成为近些年国内外教育界普遍关注的议题，世界主要发达国家和地区先后构建了不同的核心素养体系，这些体系从不同的角度诠释了核心素养。基于此，我们梳理了不同框架中核心素养的定义、特点、内容及其价值等，以期更准确把握核心素养的内涵和实质，由此进一步回答核心素养到底是什么的基础性问题，为核心素养的深入探讨奠定基础。

一、核心素养的定义

对核心素养的关注，意味着在当下教育变革的浪潮中，人才质量标准的重新定位。我国对核心素养的研究尚处于探索阶段，对国际上关于核心素养的研究进行综述，有助于提升核心素养本土定义的适切性。

自卡莫委员会（Karma1 Committee）提出五大"关键能力"开始，澳大利亚就一直致力于核心素养体系的研制，在核心素养的内涵、构成、评价准则等方面的研究都取得了显著的成果。梅耶委员会（Mayer Committee）认为，关键能力是个人在学习、工作及生活环境中所需的能力，是对知识和技能的整合与应用体现，使个体未来能有效地参与工作与适应成人生活的社会环境。据此，该委员会还提出了七大核心素养分支：收集、分析和整理信息的能力；交流思想和信息的能力；计划与组织活动的能力；与他人合作的能力；运用数学方法与数学技术的能力；解决问题的能力；使用技术手段的能力。到21世纪初，经合组织的"素养的界定与遴选：理论和概念基础"项目研制的核心素养总体框架为世界各国建立本土化的核心素养体系提供了重要的参考。DeSeCo项目指出，核心素养是指覆盖多个生活领域的，促进成功的生活和健全的社会的重要素养。该项目通过多学科的整合，归纳出"能互动地使用工具""能在异质社群中进行互动""能自律自主地行动"三方面的核心素养。欧洲联盟将核心素养的概念界定为：核心素养是一系列可移植的，具有多种功能的知识、技能和态度，是个体获得个人成就和自我发展、融入社会、胜任工作的必备素养，并且指出这些素养的培育应该在义务教育阶段完成，且成为终身教育的基础。在此基础上，欧盟提出终身学习八大核心素养，包括使用母语交流、使用外语交流、数学素养和基本的科学技术素养、数字化素养、学习能力、公民与社会素养、主动意识与创业精神、文化觉识与文化表达。

梳理国外相关研究成果，我们发现其对核心素养的思想基础、价值取向、具体内容的认识有共通之处，可以从以下三个维度来剖析核心素养的定义。维度一，学生核心素养培育的思想基础是"人的全面发展"，具体诠释学生经历教育后必须拥有怎样的基本素养和能力，成为怎样的人才。人的全面发展的当代内涵是指提高人的综合素质和创新能力，这和核心素养的理念是一致的。核心素养是知识、技能和态度等的综合表现，不囿于某单一学科的知识和技能，而是非情境化的，适用于不同学习领域、不同情境中。而且各国各地区核心素养体系中的指标大多都可按照经济合作与发展组织的架构划分，分为人与工具互动、人与自己互动、人与社会互动，从分类框架上体现综合性。再者，各个国家在核心素养体系建构中均提到的创新素养的培养也是全面发展理论最核心的成分。维度二，核心素养的价值取向在于满足"个人发展"与"社会发展"的双重需要。在个人的自我实现与发展方面，核心素养必须为人们追求生活目标提供帮助，为实现个人兴趣及终身学习的愿望提供动力，有助于满足个人"优质生活"需求，获得个人成功的人生。同时，在社会发展方面，核心素养可以帮助每个人建立公民身份、行使公民权利、积极融入社会，支持个人在社会文化网络中，积极地回应情境的要求与挑战，保障社会的稳定和发展。因此，核心素养不仅可以营造"成功的个人生活"，更有助于建立功能健全的社会，达成"优质社会"的发展愿景。维度三，核心素养的内容包括知识、能力、态度等多方面，其含义比"知识"的意义更加宽广，并不指向某一学科知识，而是强调个体能够积极主动并且具备一定的方法获得知识和技能；比"能力"的意义更加宽泛，既包括传统的教育领域的知识、能力，还包括学生的情感、态度、价值观。它是一系列知识、技能和态度的集合，以三维整合的方式呈现，有较强的综合性和实践性，如国际上重视的语言交往、信息处理、问题解决、社会合作、创新意识等素养，都是学生获得知识、习得能力、发展情感后相互融合的产物。

二、核心素养的特点

虽然不同国家和地区基于自己的教育实践建构的核心素养框架有所差异，但是最后筛选出的核心素养都呈现出一些共同的特点。

（一）普遍性

核心素养的普遍性表现在它是不同学习领域、不同情境中都不可或缺的共同底线要求。一方面，核心素养不同于素养。素养是在个体与情境的有效互动中生成的，这些情境包括家庭、职场、社区及其他公共领域等。素养不应该脱离特定的情境，不同的情境所要求的素养也有所不同，抽象地谈论所谓"素养"是没有太大的价值的。而核心素养不是只适用于特定情境或特定人群的特殊素养，而是适用于一切情境和所有人的普遍素养。另一方面，核心素养是一种跨学科素养，它强调各学科都可以发展的、对学生最有用的东西，并不指向某一学科知识，不针对具体领域的具体问题，而是强调个体能够积极主动并且具备一定的方法获得知识和技能，从人的成长发展与适应未来社会的角度出发，跨学科跨情境地规定了对每个人都具有重要意义的素养。再者，随着知识时代的开启，知识的增加到了令人目不暇接、耳不暇闻、思所不及的程度。在这样的时代，任何个人都不可能把所有的知识都学懂、都弄通，这就需要学生养成学会学习的核心素养以适应科学技术日新月异的发展，通过努力学习提高自身的言语信息技能、态度技能、动作技能、智慧技能和认知技能，掌握符合自身特点的一整套科学学习方法体系，从而使自己掌握主动学习、终身学习、全面发展和持续发展的能力。

（二）系统性

核心素养具有系统性，各指标因素之间相辅相成、相依相促。从纵向来看，素养的生成是从生理到心理，再到文化和思想四个不同的、纵向发展的层面，这四个层面中，前者是后者的基础。自我认知素养是主观自我对客观自我合理认识与评价的意识与能力，包括自己对自己身心特征、优缺点、心理活动的认识，清晰认识到自己在集体和社会中的地位及作用，并在此基础上对自己做出合理的评价判断。反思能力和自我认知素养的养成与发展是相辅相成、相互促进的，这体现了核心素养之间的系统性。

（三）生长性

核心素养的生长性表现在其是可教可学、动态发展的。学生核心素养的获得是一个循序渐进、不断深化的过程，它可以通过外在刺激，诸如有意的教育进行规划、设计与培养。例如：诸多国家核心素养体系中涉及的沟通交流能力就呈现出明显的生长性，学生在进入学校之前就具有一定的表达能力基础，经过学校课程、活动的系统性训练，学生习得较为标准化、系统化的表达方式与沟通技巧，搭建起一套适用于学校、家庭环境的交流沟通能力体系。当学生进入社会以后，社交网络扩大，面对形形色色的人，适用于学校、家庭的沟通交流方式显得匮乏，在实践的打磨中，个人的沟通交流方式和技巧越发丰富和完善，逐渐形成更加纯熟、多元、完善的沟通交流能力体系。尽管核心素养是动态发展的，但可以根据相关理论开发相应的工具对其进行测评。例如，学生对社会责任这一核心素养的认识也是随着人生经历的丰富、知识结构的完善而逐渐丰满起来的。低年级的学生或许只能认识到社会责任范畴中自己对家庭的责任，主动承担力所能及的家务，做家庭的小主人。但随着认识角度和认识方式的不断丰富，学生能够形成更加深刻的对社会责任的全面理解，认识到自己在与他人（家庭）、集体、社会、自然等方面的关系中应有的职责、任务和使命。

（四）统整性

核心素养的统整性表现在两方面：一方面，核心素养是知识、能力、态度、价值观和情绪的集合体。核心素养并不指向某一学科知识，它强调个体能够积极主动并且具备一定的方法获得知识和技能，既包括传统的教育领域的知识、能力，又包括学生的情感、态度、价值观。核心素养超越了知识与能力二元对立的观念，是相关知识、认知技能、态度、价值观和情绪的集合体。它涵盖了稳定的特质、学习结果（如，知识和技能）、信念–价值系统、习惯和其他心理特征，在各因素之间凸显了态度因素的重要性，强调了人的反省思考及行动与学习，其目的不仅限于满足基本生活需要，更有助于个人追求生活目标、促进个人发展和有效参与社会活动。

三、核心素养的维度

综合国内外既有研究成果，本文将核心素养划分为三个维度，即人与工具、人与自我以及人与社会。其中人与工具包括语言运用、信息收集与处理两个向度；人与自我包括自我理解、反思能力、创新精神与实践能力四个向度；人与社会包括合作参与、社会责任和国际理解三个向度。

（一）人与工具

人与工具维度指的是个人能够运用语言、符号、信息技术等进行有效互动的核心素养。工具的恰当运用是人们改造世界的基础，在科学技术迅猛发展的今天，有效地利用我们所掌握的工具与技术，是处理好社会发展过程中的矛盾的关键。通过分析发现，语言运用和信息收集与处理是人与工具核心素养里的两个关键点。

1. 语言运用

语言运用素养是指交际者在掌握了一种语音、词汇和语法等基本知识和基本规则的前提下，能在特定的语言环境里按照一定规则准确、得体地使用语言进行交流，理解与创造性地表达。合理有效地运用语言，是个体在社会中存在并发展的前提和基础。语言运用素养主要包括母语语言运用和外语语言运用两个层面。

2. 信息素养

21世纪是信息的世纪，高效地获取信息，并充分地开发和利用信息，是人们成功立足于社会的很重要的能力。信息素养包括信息意识、信息知识、信息能力、信息道德四个层面。

（二）人与自我

人与自我维度指的是作为具有社会性的个人，应该明晰自己的能力与目标、了解自己的权利和义务，以为自身更好地适应现代生活奠定基础。在现代社会发展过程中，人只有认清自己，才能够更好地生存与发展。

1. 自我理解

自我理解素养是指个体对有关自己的思想和态度认知的概念系统，是对行为、感觉、思想等相关信念、态度的一定水平意识或知识。人对自我的基本理解，是人作为"人"的理念基础，"人"只有充分了解自身的社会性存在，才能够更好地生存与发展。

2. 反思能力

反思能力素养指的是拥有自我反思的情感和意志力，对个体所见、所闻、所经历的事情具有批判性和探究性思考的能力，是反思活动能够顺利展开的心理素质特征的综合体。在现今社会发展过程中，反思能力扮演着日益重要的角色。人只有能够对自己的知识、行为做出恰当的反省与思考，才能够获得人生的进步。

3. 创新精神

创新是一个民族进步的灵魂，是一个国家兴旺发达的不竭动力。在科技迅速发展、全球化日益深入的今天，创新精神扮演着越来越重要的角色。创新精神素养包含创新意识和创新品质两个层面。

4. 实践能力

实践能力素养是指学生运用知识、技能顺利解决实际问题时具备的生理特征和心理特征的综合。从定义可以看出，实践能力包括知识、技能以及必要的心理品质，它是不同品质的综合体。在人的一生发展过程之中，人所习得的各种知识，最终都要付诸实践，正所谓"实践是检验真理的唯一标准"。由此可见，实践能力的培养所占的地位及其发挥的重要作用。实践能力可划分为知识型实践能力和操作型实践能力两个层面。

（三）人与社会

人与社会维度指的是人在社会生活当中为适应现代社会环境所表现出来的基本能力。人是社会性动物，"人"只有存在于社会生活场域之中才能够称其为"人"。人与社会维度包括合作参与、社会责任和国际理解三个层面的内容。

1. 合作参与

现今的社会是一个合作型社会，鉴于此，人们要养成合作参与的意识，培养合作参与的技能，以便能够在合作型社会当中得到更好的发展。合作参与素养包括合作参与意识、合作参与技能、合作参与品质三个层面。

2. 社会责任

作为现代人，应该有必要的社会责任担当，履行相应的义务，做一个对社会发展有意义的人。社会责任素养包括诚信友善、勇于担当、法制意识、生态意识四个层面。

3. 国际理解

国际理解素养是指理解与欣赏本国及世界各地的历史文化，并深切地体认世界为一整体的地球村，营造多元文化共存、和平安定的人类生活环境的一种世界观，其主要表现是个体对于国际动态、多元文化、人类共同命运等方面的关切和认知。在全球化快速发展的今天，人们对国际社会、环境的理解与认知是立足于当今世界非常重要的因素。

四、核心素养的价值

核心素养的价值定位体现于以下几个方面。

（一）适应社会诉求与技术发展

教育通过培养人才不断推动科技更新、社会发展，同时社会的发展与进步也会促使教育变革。因此，教育决策要符合社会需求，体现时代发展对人才培养的要求。现代社会是文化共荣、科技发达、提倡交流与合作的社会，核心素养体系中涉及的外语交流、符号运用与沟通表达、文化认同与国际化、团队合作与工作能力等素养都反映出知识经济时代的发展动态，体现出科学技术进步对人才素质的新要求。

（二）关注终身学习和全面发展

现代社会知识的更新速度越来越快，学生只有拥有终身学习的能力，才不会被时代抛弃。终身学习要求学习者能够依据个人学习需求、能力与具体情况，自定学习进度，选择学习方式，并进行自我导向的学习，强调学习的终身持续性、方式的多样性和学习的自主性。人的全面发展的当代内涵就是指提高人的综合素质和创新能力，这和核心素养的理念是一致的。国际组织及世界各国对核心素养的遴选不是局限于某单一学科的知识和技能，而是涉及学生全面发展所需要的知识、技能、态度和价值观等方面，例如各国各地区核心素养体系中的指标大多都可按照经济合作与发展组织的架构划分，分为人与工具互动、人与自己互动、人与社会互动，从分类框架上就体现了其综合性，对学生的全面发展大有裨益。

（三）促进自我认同和自主行动

促进自我认同和自主行动是指帮助学生建立明确的自我概念以及促使他们把自身的需要和愿望转化为有目的的行动。一方面，个人首先需要建立自我认同，并赋予生命以意义，合理清晰地认识自己，悦纳自己，明确自身的优劣势，从而发挥优势、规避劣势，明确发展方向。了解自我与发展潜能、反思能力、善良诚实等个人品质素养都体现了这一层面的价值。另一方面，个人在确认发展方向之后能自主行动也尤为重要。在这一价值层面上，核心素养的功能性指向明显，就是帮助学生实现问题的解决。在知识的增加到了令人目不暇接、耳不暇闻、思所不及的时代，获得"鱼"不如掌握"渔"，即领会学习窍门，增强实践能力，发扬创新精神，以不变应万变，主动积极地应对挑战。主动探索和研究、问题解决能力、系统思考与解决问题、规则执行与创新应变等素养充分体现这一点。

（四）重视生活品质与生存质量

核心素养立足适应现在及未来社会发展的需要，如同高楼大厦的坚实根基，其稳固性决定了楼房的高度与坚韧度，因而核心素养的培育对人的终身发展具有至关重要的奠基与导向作用，关乎个体的生活品质和生存质量。核心素养除了满足个体立足社会、生存发展的必备能力需求之外，还涵盖学生的个人品质、文化素养和精神境界，影响着他们与社会、自然的相处和互动方式，也决定着日常生活的品位和品质，为个人追求其生活目标提供支持，真正体现着以人为本的教育思想，例如：文化意识、环境研究、个体职业发展、生活规划、管理与解决冲突等，这些指标内容都充分表现这一点。除此之外，核心素养帮助个人提升公民意识，促进个人与社会环境自主互动，拥有成就感和愉悦感。因此，核心素养不仅满足个人包括学习、工作、生活在内的各个领域的重要需求，而且使个人与他人建立起亲密的关系，更好地理解他人和自身所处的世界，与社会展开良性互动，从而拥有美好的生活。

第三节　中学生物学学科核心素养

学科核心素养是学科育人价值的集中体现，是学生通过学科学习而逐步形成的正确价值观念、必备品格和关键能力。生物学是自然科学中的一门基础学科，是研究生命现象和生命活动规律的科学。生物学学科核心素养从生命观念、科学思维、科学探究和社会责任等方面着眼于学生适应未来社会发展和个人生活的需要。

一、学生核心素养内涵的界定

（一）会做人

核心素养的出现是为了适应新时代的新需求，是对教育提出的新挑战。学会"做人"，后续的学习才更有意义。

1. 德育

每个社会都以一定的原则为指导，向自己的公民提出某些要求，这些原则是由这个社会的政治制度和经济政策决定的，首先就是对人的道德品质及其行为的要求。

在教学中、生活中、实践中，教师都要注意运用恰当的方式方法来培养学生的品德，这不是一个一蹴而就的过程，而是一个需要潜移默化、不断影响，逐步引导学生的过程。

2. 体育

"身体是革命的本钱"，体育能保证身体的各个重要系统机能的正常发育和全面发展，能促使学生养成生活所必需的运动技能和素质。培养核心素养的最终目的是服务于社会，若没有一个强健的体魄，要如何为社会奉献自己的光和热呢?

3. 美育

人类能按照事物的内在固有的属性,要求从真和美的角度来满足自己的需要,人和人类社会的发展离不开美。

在实施美育的过程中,要注意搞好美育的教学与课外活动,选择审美价值高的作品,并为学生创造更多的课外活动机会,以满足学生们对音乐、美术等的兴趣。

(二)会学习

学习是我们最基本的能力之一,而核心素养要求的"会学习"不仅仅是会学习学校所教授的东西,更要求善于发现值得自己学习的东西、掌握学习方法、能自主学习、能与伙伴协作共同学习、善于汲取营养成长等。在这个信息化的时代,强的学习能力意味着能够更快、更好地跟上新时代的脚步,"会学习"的核心就是学习能力强。

1. 善于发现

此处的善于发现是指发现值得自己学习的东西。"三人行,必有我师焉",这就是一个发现的过程,这是学习的第一步——知道自己要学什么。

2. 善于汲取

知道自己要学什么之后,就是怎么学了。要秉持认真的学习态度,选择合适的学习方法,或是自主学习,或是与伙伴协作共同学习,汲取自己想要的营养。人就像一棵扎根地底的树,需要不断汲取营养来充实自己,而那些在地底蜿蜒的根须,就是我们需要掌握的学习方法。这是学习的第二步——知道怎么学。

3. 善于同化

汲取外界的营养要想化为己用,需要一个同化的过程,才能真正成为自己的能量。学习到的东西,只有真正理解它,才能灵活应用,成为自己的东西,才能进一步升华。这是学习的第三步——学为己用。

(三)会思考

思考力有三个基本要素,即大小、方向和作用点,在教育教学过程中,教师要注意从思考力的三个基本要素入手培养学生的思考能力。

1. 思考力的大小

思考力的大小取决于思考者本身掌握的关于思考对象的知识量的大小。知识的储存量是思考的重要基础，知识的储存量越大，思考就越全面、具体和完整。所以，核心素养的这一内涵要求学生不断学习，储备更多的知识。

2. 思考力的方向

思考要有一定的目的和导向，漫无目的的思考往往不能充分发挥思考力，难以得出有意义的结论，导致思路无果而终。所以教师要引导学生把握思考的方向，有目的、有一定价值导向地进行思考，避免把思考引入死胡同。

3. 思考力的作用点

思考也要有一定的对象，找不准思考的着力点，学生可能会思维紊乱、精力分散，思考停留在事物的浅层表面上，不能深刻地认识事物的本质。学生要学会把握思考对象的关键点，把思考集中在它身上，这样才会事半功倍。

（四）会应用

学习再多知识，若不会应用到实际中，那就变成了"纸上谈兵"。"会学习"的第三个要点"善于同化"的下一步，便是将内化了的知识"用"出去，无论是用学到的内容解释生活中的现象还是解决实际生活中的问题，都是"用"的表现，活学活用，在"用"中巩固"学"，这才能体现学的意义与价值，只有这样，核心素养培养的最终目的——服务于社会才能得到更好的实现。

（五）会创新

科技发展日新月异，只有不断创新才能跟紧时代的步伐。时代所需要的，也正是创新型人才，因而创新是核心素养中非常重要的一环。

1. 创新精神

在教育教学过程中，教师要注意多创造一些机会，不要扼杀学生的好奇心，要培养他们敢于怀疑、勇于创新的精神。

2. 创新能力

人类的发展史其实就是一个创新史，从原始人类开始使用工具起，到如今的现代化社会，每个进步都离不开创新。若人没有创新能力，那就可以说他是庸才，而如果一个民族没有了创新人才，那它就无法进步！创新人才的重要性不言而喻，我们的国家、我们的民族需要创新人才，那么为国家、为民族输入人才的教育者们，就要将创新型人才的培养作为重中之重，"会创新"便是核心素养培养中非常重要的内涵。

二、生物学学科核心素养内涵的界定

生物核心素养将核心素养细化到了生物学层面，它不仅仅从属于核心素养，更是核心素养的延伸和拓展。在上文中叙述的核心素养五个方面中，生物核心素养都在核心素养的基础上增加了一些学科元素，更能体现学科的独有教育价值，体现本学科对学生成长的独特贡献。

（一）科学客观，尊重生命

"会做人"的核心是德育，而德育中有一点与生命科学紧密相关，即科学世界观。我们一直倡导尊重生命、尊重自然，因为尊重是相互的，你给予对方尊重，对方也会以尊重回报，最简单的例子就是人与自然的关系。尊重自然、保护自然，自然就会给予丰厚的回报，反之，破坏自然，自然定会做出惩罚，温室效应、土地沙漠化、河流污染、雾霾等已是我们不得不重视的生态问题。这些事例告诉我们，要科学客观地看待人与自然的关系，不能贪图一时利益，毁掉我们赖以生存的环境，否则，最后被毁掉的一定是我们自己。除此之外，体现在生命科学领域的科学世界观还应包括正确看待生命、辩证看待生命科学的进步与给人类世界带来的种种变化等，这是生物核心素养的基础认知。

（二）掌握方法，关注前沿

1. 自主学习，掌握构建生物核心概念知识体系的方法

生物核心素养的"会学习"就是"会学生物"，简单来说，就是找到适合自己的学习方法，如能从实际生活中发现生物学原理、能与伙伴一起协作探究生物学问题、能利用网络找到自己需要的生物学知识等，最终做到熟练掌握生物学的基础知识与基本技能，能够构建生物学知识框架，建立生物学知识体系。教师在课上或是课下传授学生知识的同时，要锻炼他们分析总结的能力；在注重生物核心概念教学的同时，要注意它们之间的内在联系，有意识地培养学生自主总结、构建生物核心概念知识体系的能力。在此期间，学生可以运用自主查阅资料、分组讨论、请教老师、合作探究等方式，感受不同的方式方法，培养自主学习以及思考能力。学生获取的生物学知识以及他们所学到的构

建生物核心概念知识体系的方法，均可以应用到学习生活中，二者于学生而言，是"鱼"和"渔"的关系。

2. 关注生命科学前沿

21世纪是生命科学的世纪，生命科学领域不断有新的突破，科技发展日新月异，在课本上能够学到的东西十分有限，教师要不断学习，获取新的知识，关注科学技术的最新进展，同时，也要让学生们懂得在生命科学领域的前沿，有着不断更新的知识，明白课本的局限性与不断学习的重要性，了解获取这些知识的途径与方法。

3. 生物思维，实事求是

（1）此处的生物思维是指生物学的思维方式

每个学科都有其独特的思维方式，生物学亦不例外。生物学的理解和分析问题的思维方式，即科学的思维方式，是生物核心素养的高级表现形式。将生物学的知识以不同的线索，从不同的角度进行梳理和学习，引导学生构建学科体系，体会科学探究过程，将有利于学生科学思维的培养。在此过程中，课程教学也要做出相应改变。中学生物教材有三个必修模块，分别是"分子与细胞""遗传与进化""稳态与环境"，逐步从微观到宏观、从个体到整体、从结构到功能、从现象到本质，带领学生们走进生物的世界。生物学的思维方式就是用这些生物学的系统的思维角度去思考、分析、解决问题。尤其是"微观与宏观的区别与联系""结构与功能相适应"这两点，是贯串生物学始终的、生物核心素养中必须具备的生物学思维方式。

（2）实事求是，敢于挑战权威

科学具有客观性，事实证明，进行科学研究，必须实事求是，理性、客观地看待事物，在生命科学研究进程中，那些推动生物学向前发展的经典实验与研究，无一不建立在客观的基础上。达尔文敢于怀疑、挑战权威，具有批判精神，也正是因为他有着这些特质，才促使他突破神学的束缚，越过重重障碍，向世人展现出一种崭新的思想——生物进化论。这个生物学事例向我们说明了，在生物学学习与研究的过程中，要有批判精神，敢于挑战权威，实事求是，客观理性地看待事物，这也是学生需要具备的生物核心素养之一。

4. 生物原理，学以致用

在医学方面，生物科学的前沿研究不断推动着医学的进步，基因工程、蛋白质工程等技术的应用挽救了许许多多的生命；在农牧业方面，病虫害、鼠害等的生物防治，立体农业，杂交水稻等，大大提高了农牧产品的产量与质量，解决了无数人的温饱问题；在仿生方面，飞机、雷达、声呐、船、潜水艇、极地越野汽车等，都是模仿生物的结构与功能，创造出新的技术系统为人类服务，极大地改善了人类的生活；除此之外，生物学原理还被应用在保护环境、食品质量监测等方面。

生物核心素养的最终目标，是更好地服务于国家与社会。学以致用，所学的生物学知识的价值才能得以体现，因而学生应该将所学的知识与技能应用到生产生活中，进而分析、解决问题。由上文我们可以看出，无论是微观还是宏观，生物学原理被应用在生产生活的许多方面，这充分体现了应用的重要性，也是生物核心素养的一个重要内容。

5. 科学创新，不断进步

科学进步的过程就是不断解决问题的过程，这些问题的存在就是创新的目标所在，正是因为有这些目标，驱动人们不断思考，运用已有的知识或者技术手段，去改进、完善甚至创造原来不完善或是不存在的事物，进而解决问题，这个过程就是创新的过程。生物学与生活的联系广泛，"会创新"在生物学中的体现有很多，简单一些的是自己找材料制作生物模型，将生物学原理活学活用、解决实际生活中的问题等，对生物学知识掌握较好的学生可以进行创新实验，探究现象发生的原理，甚至发明一些工具或方法，解决遇到的问题。生物科学史中，许多大家熟知的经典实验都离不开创新的影子，于生物学而言，它同样是推动生物科学不断发展的不竭动力，因而要培养学生的生物核心素养，一定要注重他们创新精神与创新能力的培养。

第二章

中学生物学教学中核心素养的培养

第一节　学科核心素养是学科育人价值的集中体现

一、课程标准的理念创新

中学生物学教学以"立德树人"为指向，以发展学生生物学核心素养为基准，以生物学的大概念和重要概念为基础，建构课程内容框架和知识体系，以生物学重要概念为学习要点，既尊重学生多样化发展的需求，又贴近社会实际和学生的生活经验，力求使学习过程成为学生主动建构知识、发展能力和形成正确的情感、态度与科学自然观的过程。通过比较《普通高中生物课程标准（实验）》（以下简称"原课标"）《普通高中生物学课程标准（2017年版）》（以下简称"新课标"），笔者发现后者在课程基本理念方面有诸多创新之处。

（一）从"提高生物科学素养"到"以学科素养为核心"的转变

新课标的"生物学素养"与原课标的"生物科学素养"，在表述内容上没有太大的区别，都被认为是公民科学素养的重要组成部分，是公民参加社会生活、经济活动、生产实践和个人决策所需的生物学知识、探究能力以及相关的情感、态度与价值观等。但是，新课标的创新之处在于提出"生物学核心素养"的理念，它是学生后天学习的成果，关注的是学生在本课程学习中所获得的持久能力和品格。也就是说，要将目前教育注重"育才"向"育人"转变，既注重学生能力的形成，更注重学生品德的养成，培养德才兼备的全面发展的人。

（二）课程设计追求"少而精"的原则，教学内容聚焦大概念

课程设计的"精"主要体现在"精选""精练"和"精准"。"精选"即课程选材上删除细枝末节的内容，凸显重要概念；"精练"即保证教学过程中有相对充裕的时间，使学生主动学习；"精准"即定位于学生的学习结果，定位于对重要的生物学概念有较好的理解和运用，定位于生物学核心素养的养成，而不是仅仅定位于对知识的记忆和背诵。

（三）突出STEM，强调"教学过程重实践"

STEM是"科学、技术、工程学和数学"的整合，学生在实践活动中不仅会用到生物学知识，而且会综合应用多学科知识解决现实问题，因此，提升学生运用STEM解决实际问题的能力就非常有必要。教学中要求教师设计学生自主探究环节，设计以解决问题为出发点的思维活动和动手活动，以达到激发学生潜能、开发学生潜质的目的。

教学过程重实践，即强调教学中更多地与日常生活、医疗保健、环境保护和经济活动等内容适度结合，指导学生在现实生活背景中学习生物学，进而能运用生物学的原理和方法参与公众事物的讨论或做出相关的个人决策。

（四）从"内容本位、学科本位向素养本位、学生发展本位"根本性转变

新课标制定学生学业质量评价标准，明确评价教学和育人价值的结合，实现从内容本位、学科本位向素养本位、学生发展本位的根本性转变。

新课标最大的创新之处在于提出"发展学生生物学科核心素养"理念，这是培养全面发展的人的必经之路。同时，生物课程结构也随之发生了重大变化，将"选课制""走班制"引入日常的教学活动中，这必将有效推进目前的高中生物教学。而且，由于课程内容的精简使学时减少，生物教师会面临"争课上"的情况，这就会使一部分生物教师投入校本课程的开发，编写出更多符合当地学生生活实际和兴趣爱好的优秀校本教材，大大拓展生物学科的育人功能。

二、生物学核心素养培育探析

（一）关于核心素养的两种认识

认识一：各学科有自己的核心素养，它与学生各学科的能力并不等同。

认识二：一个学生的整体素养包括提出质疑的批判性思维、学会发现的能力等。

所有学科都有培养学生整体素养的职责。如何解决学科教学与核心素养培养之间的矛盾？学生将来进入社会需要的是各种能力，各学科集中的能力，教师如何用不同学科的内容去实现整体素养的培养？

各学科能力的培养是培养学生整体素养的一个途径。教师通过课堂教学在培养学生能力的同时，也在潜移默化地加强对学生自身素养的培养。但是，学生的核心素养的培养不仅包括能力的培养，还有学生品德的形成。现今教育重点要从"育才"向"育人"转变，使学生既获得终身发展所需要的能力，更获得终身发展所需要的品德。

（二）生物教学中对学生学科核心素养的培育策略

1. 形成生命观念

生命观念包括结构与功能、细胞分裂、进化与适应、稳态与平衡、物质与能量等。例如，进行"生物圈中的绿色植物"的教学时，教师带领学生分组走进校园，认识校园内有哪些植物，观察植物叶有哪些形状和颜色，进一步启发学生思考为何大多数叶的颜色是绿色的。学生通过小组合作与探究发现校园内不同形状的植物、不同植物叶的形状及颜色体现出生物结构与功能相适应的特点。

2. 培养科学思维

科学思维是一种建立在证据和逻辑推理基础上的思维方式。例如，进行"细胞呼吸"的教学时，教师首先引导学生进行探究酵母菌细胞呼吸方式的活动，活动中让学生注意思考几个问题：酵母菌作为单细胞生物以何种方式进行呼吸？酵母菌在有氧和无氧条件下细胞呼吸的产物分别是什么？在实验中如何控制实验条件和检测实验结果？如何设计对照实验？经过小组讨论后得出答案，为建构细胞呼吸的概念提供实验证据。

3. 提升科学探究能力

科学探究是指学生通过发现现实生活中的生物学问题或现象，进行观察、提问、实验、分析等，是学生认识生命世界、学习生物学课程的有效方法之一。推进"自主探究式"的学习方式，有助于提升学生的科学探究能力。自主学习将学生作为课堂的主体，真正的目的在于培养学生的能力而非简单地进行知识培训。如学习"细胞中的糖类和脂质"时，通过生活案例"服用钙片补钙的同时，服用少量的鱼肝油"，引导学生自主查阅资料探究鱼肝油有助于钙吸收的科学道理。

4. 树立社会责任感

通过生物学的学习，学生会了解许多预防疾病的知识、饮食常识、生物学原理及环保知识等。这不仅对个人和家庭有益，还有利于学生对社会有所担当并承担起力所能及的责任。如学生积极参与宣传预防艾滋病、甲型流感、遗传病的知识，环保理念，食品安全知识，全面均衡营养理念，吸烟的危害等，同时利用假期开展社会调查和社会实践活动，努力让更多的人了解生物学知识，让生物学知识更好地服务于社会。

三、培育学科思想，体现学科育人价值

（一）生物学思想

生物学知识的教学只是信息的传递，落实培育生物学思想才能让学生形成生命观念，获得关键能力。生物学思想的实质就是具有普遍性和广泛应用价值的规律性知识。因此，在生物教学中，将生物学思想渗透到学生学习中，能达到"润物细无声"的效果。生物学思想包含的内容较多，例如：生物体结构与功能相适应；对生命世界的认识应从微观到宏观；细胞、个体、生态系统都处于动态平衡中；生物在不断进化发展；对生命活动现象和规律的研究通常是从特殊到一般，再从一般到特殊；开展实验探究时通常先观察后假设，再进行实验验证；人类开发自然资源应遵循可持续发展的思想；等等。

生物学教材中蕴含着丰富的生物学思想，这些思想隐藏在教材的字里行间，教师需要深入分析、潜心研究才能充分挖掘。在教学中落实培育生物学思想是实施高效教学的途径之一，可以使学生的学习行为和思维方式得到极大改善，从而高效激发学生的潜能，培养学生生物学学科核心素养，体现学科育人价值。

（二）培育的实施策略

1. 生物学是培养学生实验探究素养的主阵地

中学生物学教材中实验众多，但实验思想与方法基本类似。

生物学实验主要分为观察类、调查类、验证类、探究类等，其中探究类实验尤其关键，它需要学生应用恰当的实验方法和设计巧妙的实验步骤。

选择恰当的实验方法是科学实验成功的关键，如：利用差速离心法分离细胞器；利用晶体X射线衍射法揭秘DNA的空间结构；利用放射性同位素原子示踪法研究分泌蛋白的合成与分泌、光合作用过程中氧气的来源和碳的转移途径、DNA分子的复制规律，以及验证DNA是遗传物质等；用PCR仪在体外大量扩增DNA分子等；利用假说−演绎法揭示基因的传递规律，应用类比推理法推测基因在染色体上；构建细胞膜的流动镶嵌模型、动植物细胞亚显微结构模型等物理模型；构建种群数量变化的"J"形曲线和"S"形曲线等数学模型；利用样方法、标志重捕法调查种群密度；利用稀释涂布平板法、平板划线法对微生物进行分离纯化；用水蒸气蒸馏法提取玫瑰精油，用压榨法提取橘皮精油，用萃取法提取 β−胡萝卜素；等等。

2. 运用科学史培养学生的科学探究精神

科学探究精神是生物学核心素养之一。与实验方法相比，实验思想对实验研究起着领航的作用。科学家的探索历程是一个曲折、复杂的思维过程，有时甚至需要推翻前人结论，重新进行实验探究，这里充满科学家的智慧以及坚持不懈、永不放弃的优良品质。

19世纪末，达尔文发现了植物的向光性并设计实验探究了其中的原因，他设计了两组实验，第一组是切去胚芽鞘尖端的金丝雀虉草与自然接受单侧光照射的金丝雀虉草对照；第二组是用不透光的锡箔把尖端罩上的金丝雀虉草与罩上尖端下面的一段的金丝雀虉草对照。实验结果显示切去胚芽鞘尖端的表现为不生长、不弯曲，锡箔盖住尖端的表现为直立生长，自然状态下和用锡箔盖住尖端下面的一段的出现向光性。但是，生长素的化学本质直到1946年才被阐明。由此可见，科学家在攀登科学高峰的过程中，不怕挫折、勇往直前的科学探究精神贯串于实验的全过程。

3. 让生物学美育浸润学生的心灵

生物学美育主要包括对学生进行美的熏陶，培养学生的美感。生物教师要充分展示生物学之美，把审美教育落实到具体的教学活动中，使学生在学习生命科学知识的同时，升华美感，养成热爱生命、珍惜生命、热爱大自然的生命观念。生物学之美种类众多，如宏观与微观之美、进化与和谐之美、平衡与生态文明之美等。

例如，在"生物圈中的绿色植物"的教学中，教师引领学生走进校园，首先，让学生辨识校园中植物的种类，观察植物叶的形状和颜色，进一步启发学生思考为何大多数叶的颜色是绿色的、秋冬季节绿叶变黄的原因，观察花的颜色、花瓣的数目，进而观察雄蕊与雌蕊等。然后，学生通过小组合作体验叶脉书签的制作过程，强化对结构与功能相适应的生物学科思想的理解。教师在对学生进行校园植物美育的同时，学生会感受到自然的神奇、伟大，领悟到生命活动的高效与协调，从而加深对生命本质的理解，增强关爱生命、敬畏生命、保护自然的神圣使命感和责任担当，达到美化心灵、陶冶情操的目的。

4. 学生认识生命本质需要构建生物学知识网络

高中生物学课程分为必修、选择性必修和选修三部分，必修模块包括《分子与细胞》《遗传与进化》，选择性必修模块有《稳态与调节》《生物与环境》《生物技术与工程》，选修模块涉及现实生活应用、职业规划前瞻及学业发展基础三个方向的多个拓展模块。这些模块的知识都是通过细胞、组织、器官、个体、种群、群落、生态系统、生物圈这条主线联系起来的。教师引导学生挖掘隐藏在教材中的这条暗线，就能让学生在从微观到宏观的不同层次上对生命进行阐释，也能让学生构建起中学生物学知识框架。例如，结构和功能相适应是生物学的基本思想，所以无论是学习细胞、器官、系统还是生态系统的知识，都应从结构到功能，再从功能到过程，进而联系生活实际而展开。构建生物学知识网络还要以大概念为抓手，建立起生物学事实、次位概念、重要概念、大概念的链条，用系统论思想构建全面的生物学概念网络。

第二节　在生物学教学中生命观念价值的培养

生命观念是生物学的首要核心素养。在生物学课堂教学中，教师着重落实培养学生结构与功能、稳态与平衡、进化与适应、物质与能量等观念，引导学生用生命观念认识生物的多样性、统一性、独特性和复杂性。但是，学生终究要走出校园、走向社会、奔向未来。因此，教师应该更多地开发课内外、校内外资源，实施体验德育、体验生命之美的校本课程，从而更好地培养学生的生命观念。

一、理解生命本质，渗透生命观念

（一）生命观念与生物学概念

生命观念是生物学核心概念的呈现方式，是贯串生物学课程内容的主线，生命观念对应着生物学中的大概念或重要概念。

生命观念不是指具体知识，更不是指具体的生物学事实，而是指学生在对基本事实进行思维加工形成概念后，再进一步提炼和升华，内化在头脑中的意识、观念和思想方法。生命观念可以划分为结构与功能观、进化与适应观、稳态与平衡观、物质与能量观等，也可以划分为系统观、进化观与生态观。

（二）在生物学概念知识的学习中，渗透生命观念

生命观念是学生在理解生物学概念知识的基础上构建而成的。现今的生物学课堂，老师大多都会向学生传授生物学事实性知识，而不重视帮助学生发展生命观念，这会直接影响学生的学习质量以及学业成就。学生只有构建生命观念，才能真正理解生命现象，才能在面对现实生活的实际问题时，具有更好的解释力和决策能力，这远远胜于记忆"书本知识"习得的学业成果。

比如生物学的"结构与功能观"，是在准确理解生物体结构、功能以及两者的关系这些事实性、概念性知识后构建而成的对生命本质的认识。结构观需要建立在以下概念基础上：生命系统的结构是由物质构成的；生命系统的结构具有层次性（如生命个体具有细胞、组织和器官等结构层次）；结构之间具有联系（如细胞内的生物膜系统）；生命系统的结构大多是活动的、不断变化的，具有生物学的特点（如染色体和染色质是同一物质在细胞不同时期的存在状态）。功能观是指生物体的结构具有一定的作用，是指某个部分结构对整体的贡献，比如各细胞器的功能，就是各细胞器对细胞有什么贡献，离开细胞，细胞器的功能就无从谈起。生命系统是一个统一的整体，一个结构功能的实现需要其他结构配合（如分泌蛋白从合成至分泌到细胞外，需要核糖体、内质网、高尔基体和细胞膜等协调配合，线粒体提供能量），有时一些功能的实现还需要一定的外部条件（如没有光照，叶绿体在黑暗中就不能进行光合作用）。由此建立的"结构与功能观"指生物体的结构与功能是相适应的，这是生物体适应环境的一种体现。结构是功能的基础，功能的实现依赖于特定的结构，同时功能的发挥过程对结构有反作用。如在学习"蛋白质是生命活动的主要承担者"内容时，通过蛋白质的功能举例，学生归纳概括蛋白质是生命活动的主要承担者，认识细胞和生物体的生命活动具有物质基础，形成生命的物质观；通过交流讨论，认识蛋白质结构具有多样性的原因，建立蛋白质的结构与功能相适应的生命观念。"从蛋白质的发生、发展中可以看到，今天的适应是由过程的不适应性转化而来的，并且今天生物体内的各种蛋白质在结构和功能上的适应性后面，仍然而且始终隐藏着不适应性，物质运动和发展永远不会完结，也永远不会停止在一个水平上。"这说明结构与功能相适应是生物体长期进化形成的。

生命观念中，各种观念是密切联系不可割裂的。如生命的系统观：生命系统从细胞到生命系统的多个层次，都是结构有序的，体现了结构与功能相适应；生命系统是物质的生命活动，依赖于物质的运输和变化，物质运输与变化又往往与能量的供应及流转相伴，体现了物质与能量的观点；生命系统的维持要依靠物质流、能量流和信息流，生命系统在不断变化的环境条件下，依靠自我调节维持其稳态，从而使生命活动能正常进行。

二、开启学生的智慧生活之旅

从生命最基本的细胞到生物圈，都充分体现了结构与功能相适应的特点。甚至处于亚细胞水平的细胞器也都符合这一特点。比如，叶绿体具有双层膜结构，由类囊体重叠形成基粒，类囊体膜上附着有酶，镶嵌着色素分子，这些色素分子具有吸收、传递、转换光能的作用，这里进行着光反应。高等植物的叶绿体在光下不是静止的，弱光下，叶绿体更多地排列在与光源垂直的方向，并将扁面朝向光源；强光下，叶绿体则更多地排列在与光源平行的方向，并将窄面朝向光源。高等生物还体现稳态与平衡观，其中高等植物进行正常生命活动依赖于激素调节，高等动物还有神经调节、免疫调节，使各个细胞、器官、系统和谐共生。生物要生活在复杂多变的环境中，必然需要适应生活的环境，否则就会遭到淘汰。

教师可以从教材的实例入手去启迪学生的思维，开启学生的智慧生活之旅。例如，从生命有机体的和谐共处启发学生要学会管理自己的情绪、学会与人交往；从生命的高效、有序启发学生要正确管理自己的时间；从适者生存、不适者被淘汰启发学生要树立正确的理想与信念，坦然面对成功与失败，不断调整自己的心态，更好地适应日益激烈的竞争环境。

三、帮助学生获取生存本领之需

病毒为了生存"学会"了寄生；细菌为了生存"发明"了芽孢；水稻长期生活在水中，它的根比较能忍耐无氧条件；人的骨骼肌细胞在剧烈运动时也能通过产生乳酸而额外获取少量能量；高等植物的耐高温、耐盐碱、耐干旱都是提升其生存能力的表现。高等动物适应环境的能力更强大。比如，变色龙、北极熊等的保护色，黄蜂、毒蛾幼虫等的警戒色，竹节虫、枯叶蝶等的拟态现象，都是自然界精彩的生存实例。具备特殊生存本领的生物实在是不胜枚举。

教师可以在引导学生感悟自然界生物生存本领的同时，引导学生思考自己如何学会生存。如教师引导学生开展"疾病知多少"的活动。小组学生在查阅大量资料的基础上，于课堂展示交流糖尿病、艾滋病、冠心病、病毒性肝炎、流行性感冒、夜盲症、佝偻病等在教材中出现的疾病的特点和防治措施。有些学生还关注到曾在社会上流行的非典型肺炎、禽流感等的致病机理及预防措施。

教师还可以组织一些户外活动，如30 km徒步走、研学旅行等。活动前需要进行周密的计划，计划时需要考虑活动时间、活动路线、周边人流量、天气、安全保障（随行警务、医务、家长志愿者）等，还有活动的开营仪式、班旗制作、励志标语、小记者报道、结营仪式等。活动中可能会出现许多感人事迹，如有的学生脚磨出血泡却还在坚持前行，有的学生帮助走不动的同学，有的学生突发灵感自编自唱歌曲等。活动结束后，教师还可以组织学生开展励志图片展、感人事迹报告、有奖征文比赛等。笔者曾随行参加过这类活动，深切体会到学生走出课堂、体验德育，可以在活动中提升生存意识，在坚持力、意志力等方面也可以得到锻炼，为终身发展奠定基础。

四、激发学生生涯探索之能

人是目前地球上最高等的生物，有着自己的种族繁衍的周期。人的生命是从一个受精卵开始的。受精卵经过有丝分裂、细胞分化，在母体体内成为成熟的胎儿，由母体一朝分娩便成为婴儿。婴儿一来到这个陌生的世界，便开始迎接各种挑战，在挫折中前行。当他（她）发育为性成熟的个体时，就有了孕育下一代生命的能力。教师可以由此启发学生，今后的人生道路不是一帆风顺的，随时都可能需要迎接不同的挑战，这才是生命的本质。

人教版高中生物教材中设置有"医院里的检验师""植保员""林业工程师""景观设计师""育种工作者""生物技术产业研发人员""化石标本的制作者"等职业规划栏目，这有助于引领学生做好自己的人生规划。人生规划教学不能仅仅停留在书本上，更重要的是要创造机会让学生体验相关职业的工作内容。教师可尝试带领学生走进附近的社区医院体验"检验师"的工作，也可组织学生进入蔬菜繁育基地体验"有机蔬菜诞生过程"等。

另外，教师还可以引导学生开展生物作品"拍卖活动"。活动前先让学生准备好自己的手工作品，如叶画、根画、盆景、贝类风铃、模型、标本等。拍卖会中有老师、家长、学生，拍卖时先由作者详细介绍作品的材料、制作过程、用途等，介绍时要求声音洪亮、吐字清楚、语言简洁、心态平和、自信勇敢。随着拍卖活动的成功开展，学生的劳动得到了老师、家长的肯定，学生有了成就感，而家长看到自己的孩子能做出这么精美的作品，也会感到惊喜，所以家长也有获得感。长期开展此类活动，可显著提升学生生涯探索的能力。

五、彰显学生生命价值之美

教育需要用"真""善""美"净化学生的心灵。教科书在体现生命价值之美时，匠心独具、浓墨重彩，如通过大量精美的图片让学生体会生命之美，通过科学家访谈栏目让学生领悟揭示生命规律过程的趣美等。

为了让科学家的感人故事浸润学生心田，学校可以在楼道、走廊等显眼处悬挂科学家的生平事迹，生物实验室可用达尔文、摩尔根、孟德尔等命名。

彰显学生生命价值之美，还需要带领学生认识生命、热爱生命、丰富生命。如，教师带领学生制作动植物标本、认识校园植物、调查河流的污染与治理情况、考察城市绿色走廊中树木的配置情况等，通过开设选修课和社会实践课让学生欣赏生命价值之美。学生走出校园、走进大自然，更有生机与活力，由此真正实现对学生核心素养的培养。

第三节　在生物教学中科学思维的发展

"为什么我们的学校总是培养不出杰出人才？"著名的钱学森之问让我们深思，传统的教师一言堂难以培养出有创造力和思辨力的学生。在教学中教师引导学生学习生物学知识的同时，也要引导学生领悟生物学研究过程中的观点以及解决问题的思路和方法，即注重学生科学思维的发展。

一、生物教学中常见的科学思维方法

科学思维是思维习惯和能力，它是在尊重事实和证据的基础上，对事物或问题进行观察与比较、归纳与演绎、分析与综合等。充分挖掘教科书中蕴含的科学思维方法，着力培养学生的科学思维是生物教学的核心任务之一。

（一）科学观察法

科学观察法是人们在事物自然发生的条件下，通过自身感官或借助科学仪器，有目的、有计划地考察研究对象，从而获得有关被观察事物的主观印象的一种科学方法，如对豌豆杂交实验结果的观察。

（二）类比法

类比法是通过对两个对象或两类对象进行比较，找出它们的相同点和不同点，在此基础上把一个或一类对象的已知属性，推演到另一个或另一类对象上去，对后者得出一个新认识的方法。如萨顿的假说就是通过类比法得出的。

（三）归纳法

归纳法是通过对个别事物进行研究考察，从而认识这一类事物的普遍规律和一般原理的方法。其目的在于透过现象到达本质，通过特殊揭示一般。这就决定了归纳法的推理方向是从个别到一般。如生态系统的概念就是通过归纳法得出的。

（四）演绎法

"演绎"一词来自拉丁文deduction（引申），它泛指从一般到个别的推论，即以某些一般性（普遍性）的知识为前提推出特殊性知识的思维方法，即人们经常说的"根据一般原则解决具体问题"的思维方法。例如，运用归纳法，我们已经构建起了"生态系统的概念"的知识。演绎法就是要教师引导学生将这一知识运用在实际中，譬如教师可设问：一个池塘中的所有鱼是否构成一个生态系统？放在冰箱里的肉、菜、蛋等是否构成一个生态系统？为什么？学生通过自主分析、判断，可加深对生态系统概念的理解和掌握。这样，教师引导学生运用归纳法促进概念的生成，运用演绎法使概念得到应用。在概念教学中，归纳法与演绎法的综合应用可极大地启发学生的理性思维，使学生的认知水平得到有效提升。

又如，在遗传规律发现历程中的"假说-演绎法"，它是科学发现的一种创举，科学家通过观察提出问题与假说，再演绎推理、实验检验与修正，从而得出科学的结论。"假说-演绎法"在孟德尔对分离与自由组合定律和摩尔根对"基因在染色体上"的实验验证中体现得非常充分。

（五）分析法

从根本上说分析就是从现象一层一层地向本质深入的过程。经过这样的过程，最初在感性上以其整体呈现在我们面前的现象，被细化分解为各个方面的联系和特性。因此，分析法也就是把整体分解为各部分及认识各个部分的一种形式和方法。分析和归纳有表面相似的地方。但是，这两种方法从实质上看是根本不同的两种认识方法。分析和归纳都与认识从个别到一般的过程有关联，都从个别的现象、事实出发。但是在归纳过程中，我们只是把个别的现象做对比和比较，发现它们共同的地方而加以归纳，而分析则不同，分析是在对事物的各方面、各部分进行比较和研究的基础上，确立它们在事物的整体中各有何特定的地位，理清它们彼此之间既相互联系又相互制约的关系，把握它们对事物的现状和今后的发展各有什么影响，从而在各种属性中找出本质属性，在个别中找出一般，如通过分析叶绿体的结构了解光合作用与能量转化。

（六）综合法

综合法就是在已经认识到事物本质的基础上，将其各个方面的本质有机地联合成为一个整体的方法。例如，光合作用、有氧呼吸的过程图解就是在科学家大量实验的基础上通过综合法得出的。

（七）模型法

物理模型是以实物或图画形式直观表达认识对象特征的模型。例如，DNA双螺旋结构模型、生物膜的流动镶嵌模型、真核细胞的三维结构模型、反射弧的结构模型等。

概念模型以由图示、文字、符号等组成的流程图的形式对生命活动的规律、机理进行描述、阐明，是对真实世界中某个领域内的事物进行描述，包含中心概念、内涵和外延。例如，光合作用、呼吸作用、细胞免疫、体液免疫等过程图解。

数学模型通过建构数学表达式以及能够表示数学关系的图表来揭示事物变化规律，并且能够预测将来的发展趋势。例如，有丝分裂和减数分裂过程中染色体、DNA、姐妹染色单体、细胞数目的变化柱状图、曲线图；种群数量变动的"J形""S形"曲线图；遗传定律中基因型、表现型的比例；列表统计调查人类遗传病的数据等。

（八）创造性思维法

创造性思维就是能产生新颖性思维结果的思维活动。新颖性程度越高，其创造性就越强。从研究人类思维的角度看，创造性思维是一种高度发展的人类思维形式，是人类在认识和改造世界的活动中有创新意义的思维。创造性思维包括单向思维与多向思维、横向思维与纵向思维、发散思维与收敛思维、正向思维与逆向思维、超前思维等形式。孟德尔在研究遗传规律时选用豌豆作实验材料就是运用了创造性思维法，沃森和克里克运用创造性思维构建了DNA双螺旋结构模型。

（九）批判性思维方法

杜威认为批判性思维即反省性思维，是指"根据支持它或它将倾向的某个结论的理由对信仰或知识的假定形式所进行的持之以恒的、细心的、积极的思考"。达尔文敢于质疑，敢于批判，提出了自然选择学说。

二、教学中学生批判性思维能力的培养

在中学生物学教学中，培养学生的批判性思维，实际上是培养学生质疑与反思的思维品质。所谓质疑，即对已有学说和权威的、流行的解释不是简单地接受和信奉，而是持批判和怀疑态度，由质疑进而求异，另辟新径，突破传统观念，大胆创立新说。反思，一般是指行为主体立足于自我以外批判地考察自己的行为及其情境的能力。反思是批判性思维方式的起点。从"问题"开始，然后"反思"，这是科学理论特别是现代科学理论发展的重要模式之一。

当今社会，信息网络技术突飞猛进，海量信息铺天盖地，各种信息真假难辨，学生要对信息去伪存真就需要一双"慧眼"，需要有质疑和反思的能力，对相信什么或者做什么做出合理的判断。

（一）引导学生体验科学探索过程，在质疑与反思中培养批判性思维

在教学中，教师可利用插图、挂图以及多媒体课件，分步骤演示科学家的实验过程，让学生置身于实验探究的全过程，领悟科学研究的思路和方法，重走科学探索之路，学习科学家的严谨态度及批判性思维品质，引导学生在分析过程中提出疑问并进行小组讨论、集思广益，教师再适时点拨，让学生学会提出问题，学会分析，学会思考，体会科学是一个发展的过程。如在"遗传因子的发现"教学中，教师在展示孟德尔的豌豆杂交实验过程时，提出问题：为什么选用豌豆作实验材料？为什么要做统计分析？在生活中你有关注到这些现象吗？

（二）注重开展自主合作探究活动，在化解认知冲突中培养批判性思维

俗话说："独行快，众行远"，每位学生都有自己的特长，项目式合作学习，可以给予每个学生表现机会，也可以让学生取长补短，从而培养学生的合作力、创造力和思辨力。教学中可以结合所学内容用真实世界的任务和问题，在课堂、课外多开展项目式合作学习活动，通过学生主动探索，针对某一问题的不同方面进行探讨、研究，教师引导学生从提出问题、规划方案、解决问题、评价反思等环节写出规范的研究或调查报告。如学习遗传病相关知识时，布置学生对本地区的常见遗传病进行调查并探讨其预防措施，在调查过程中学生学会组队，学会根据特长分工合作，学会规划，学会协调和沟通，学会辨

析，学会化解认知冲突，学会遇到困难时如何想办法解决，等等。又如，在模拟探究"细胞大小与物质运输的关系"的实验教学中，教师可先引导学生自主设计探究实验方案，然后再小组讨论各种方案的可行性，最后选取最佳方案实施，在这些过程中学生学会自主思考，自主调剂，学会用证据支撑自己的观点说服别人，学会选择等。

三、教学中学生创造品质的培养

创造品质就是能够运用已有信息，产生某种新颖、独特的思想、认识及产品。在教学中教师要引导学生掌握科学思维方法，提高创新能力，在学习和实践中不断创新。

（一）培养学生创造品质应成为中学生物学教学的首要任务

"科学技术是第一生产力"，这是一个具有很强预见性的科学命题。"科学技术"这种生产力的特殊之处在于它隐藏在人的创造性潜能之中，这种潜能，必须经过一定的教育和培训才能得到开发和应用。在未来的知识经济时代，尤其是在全球都面临着可持续发展难题的情况下，最重要的资产将是以创新性为本质特征的人的潜能。在中学生物学教学中，教师应有意识地培养学生的创造品质，促进学生创新、创造能力的形成。何为创新？即学生在学会知识的同时，能运用所学的知识分析、解决新问题。因此，教师应积极转变观念，努力提高自身素质，大胆探索和实践新型教学方法，做好"导"和"扶"，在传授知识和培养学生能力的同时，培养学生创造品质，引导学生用新角度、新思路、新层次思考问题，把培养学生创造品质作为生物学教学的首要任务。

（二）创造品质的内涵与培养创造品质的策略

人的任何活动都是内在综合素质整体作用的结果。我们不能仅仅认为创造性活动是一种发明或发现，从根本上讲，它是人的一种智慧和创造力，是人的多种内在素质的最能动的体现。

1. 创造的动机

创造的动机包括创造的兴趣和创造的需要。从根本上说，人的任何活动都源于内在的动机和热情。如在"酶"的研究性学习过程中，教师可引导学生观察生活中的"酶"，激发学生的创造兴趣，主动开展相关的创造研究。此过程突出学生的自主性和创造性，学生自主提出问题，自主搜集资料，自主设计实验，自主改进实验，教师只负责点拨，在这条件宽松的实践过程中，学生的思维得到发散，创造力得以发挥。

2. 创造的想象力

创造的想象力主要包括创造性的联想能力和幻想能力。按照人的心理发展规律，中学生的想象力比其逻辑思维能力强，这一方面是因为他们的大脑还处于发育阶段；另一方面是因为与成人相比，他们较少受到现有经验知识和权威的束缚，敢于进行无限的遐想。在生物学教学中，教师要精心研究和设计一些发散性的问题，鼓励学生积极探索、大胆猜想，保护学生的创造思维和创造能力。如，在"细胞的基本结构"教学中，让学生尝试制作真核细胞的三维结构模型时，教师可以不给学生材料用具，而让学生发挥想象力，利用身边可见素材进行制作。

3. 创造的意识

创造的意识包括创造的敏感性和创新意识。创新是素质教育的核心，而创新是需要创新场所的。实验课正是培养学生创新意识的极好场所。在实验教学中，教师应当在有限的空间和允许的时间里，调动各种教学资源，营造一种好的创新情境，以此来激发学生的创新意识。如上面所提到的让学生利用身边素材尝试制作真核细胞的三维结构模型，学生们充分发挥了自己对身边材料的敏感性和创新性，大胆选用各种素材，有的用橡皮泥，有的用卡纸，有的用碟子，有的用旅行箱，有的用篮球等。

4. 创造的精神

创造的精神指人的综合性的积极稳定的创造性心理品质，是人的创造力不断增长与发展的根本动力与灵魂，它主要表现在人的不断追求与自我完善过程中。在教学中，教师首先不是"教授"，而是组织和创造一种学习环境，去帮助学生解决疑难，着力于发展学生的信息素养和创造精神，尽量满足学生的需要。对于有些问题，教师可以组织学生集体讨论，并把自己置身于学生讨论之中，共同参与，共同研究。如把学生制作的真核细胞的三维结构模型作品进行展示，师生共同从科学性、艺术性、创造性等方面进行评价，师生共同体验创造的乐趣和创造的精神。

面向21世纪的中学教育，要从掌握性学习、维持性学习向创造性学习转变，要注意培养学生的创造品质，一是知识的创造，二是德性的创造，三是文化的创造。因此，在中学生物教学中，只有有意识地培养学生的创造品质，才能够真正激发潜藏在学生身上的创造能量，实现创造教育的目标，培养出具有创新性的人才。

四、激发学生潜能，彰显学生能力

在脑科学中，潜能就是一种潜意识，它隐藏于学生"心灵最深处"，是通过一定情境或方法（如学习、训练）能激发、利用、外显和现实化的意识、智能或能力。激发学生潜能的教学策略就是找准切入点、点击兴奋点、捕捉生成点、寻求发散点、形成整合点，将学生的潜意识转化为显意识，进一步改善学生学习行为，彰显学生能力。

（一）找准激发潜能的切入点

学生是学习的主体，所有的教学活动都是为学生服务的。影响学生潜能激发的因素很多，如果教师切入点新颖而又贴近主题，就能吸引学生的眼球，激发学生的探究欲望，增强学生的求知欲，从而有效调动学生的积极性与主动性，充分激发学生潜能。如学习"免疫"知识时，以学生深有体会的新冠疫情切入，通过为什么要戴口罩、为什么要隔离、为什么要勤洗手等问题，促进学生深入学习体液免疫与细胞免疫。又如，教师可以通过提问、调查、抽查、测验等方式了解学生的知识准备及心理准备，根据学情找到教学的切入点，促进学生对知识的理解和掌握。

（二）点击激发潜能的兴奋点

心理学研究表明，人在受到外部环境刺激时，人体神经中枢会产生紧张、兴奋的波动，引起情绪和注意力的变化。从年龄阶段看，中学生的注意力要比儿童相对稳定，但比成年人相对活跃；从性别看，男生的注意力比女生强，而变化比女生活跃，女生相对比较稳定；从课堂40分钟的教学时段看，学生的注意力呈逐步下降趋势，但临近下课时，学生的兴奋点又开始上扬。兴奋是由外界刺激引起的人的肯定的情绪体验。在生物教学中教师如果能善于运用兴奋点，就能有效激发学生的潜能，让潜能转变为显能，增强学生的自信心和学习动力，让课堂成为学生成长的乐园。如教师可通过习题、讨论等动手、动口动作在课堂中段激发学生的兴奋点。又如富有想象力的教师总会善于通过创设开放的教学情境，激发学生的兴奋点，从比较现实的、有趣的活动或与学生已有知识相联系的问题出发，引导学生开展实验探究，从而探索知识的本质。

（三）捕捉激发潜能的生成点

学生的心灵不是一个需要填满的罐子，而是一颗需要点燃的火种。生成源于教师对学生的鼓励与积极引导，源于教师在课堂上根据学生学习需要，随时做出富有创意的教学调整。教师只有把握时机，精心呵护教学中不断闪现的生成性资源，让学生真正成为学习的主人，学生的思维才能得以拓展，课堂上才会不断出现美丽的"生成"，课堂也会因此而变得更加精彩。生成性课堂是学生探究悟性、思维灵性、丰满人性、学习生命动态的真实反映，是凸显学生是课堂主体的力证，是"以生为本"教育理念的落地生根之地。在生物教学中，教师要善于整合课内外资源，充分利用教师和学生之间、学生和学生之间、学生和课本之间的生成性资源。如教师要允许学生有个性化的表达，鼓励学生提出创造性意见、建议，注意聆听学生的声音，捕捉他们在回答问题时的闪光点和出错点，然后巧于点拨、长于调控，给学生质疑、争辩、反驳的机会，并进行适当的归纳与对比。又如课堂是一个动态生成的场所，教师要善于捕捉课堂意外，因势利导，点燃学生"新想法"的苗头。

（四）寻求激发潜能的发散点

教师要有一双慧眼，精研教材时善于发现发散点，即教材中蕴含的具有引发思考、激活思维发散活动功能的资源基础。每节课的各个环节和内容中都有发散点，但具有价值的发散点并非一目了然，往往隐含的占多数，这就需要教师课前精研教材，用敏锐的目光和缜密的思维去找到发散点，以便有效激发学生的潜能。如学习有丝分裂和减数分裂时，抓住染色体的状态及行为进行分析，就可以达到事半功倍的学习效果。

教师要创设机会让学生展示思维过程，发现学生的发散点。亚里士多德说过，思维是从惊奇和疑问开始的。教师在教学互动中要正确对待学生的提问，让学生展示其思维全过程，创设质疑辨析氛围，在民主质疑中互动，捕捉能激发学生潜能的发散点，提升学生思维能力。教师通过设问让学生产生认知冲突，在分析过程中展示思维全过程，然后教师再提出更深层次的问题，通过不断刺激学生的发散点，将学生的思维引向纵深，从而达到开发学生的潜能的目的。如遗传规律的学习，学生往往会产生"教师讲的时候我都懂，但一到自己计算时就出错"的问题。这就要求学生讲他们的思维计算过程，教师在他们碰到思维困顿或出错点时再进行点拨。

（五）形成激发潜能的整合点

整合点就是将与教材相关的各类知识有选择地融入教学中，达到熟练应用教材、挖掘学生的潜能、开发学生的潜质，使学生形成愉快的情感、积极的学习态度和正确的价值观的目的。教学时多给学生提供展示、交流和评价的机会。学生发言精彩时，教师应投以赞许的目光；失误时，给予善意的纠偏；思维受阻时，适当加以点拨；欲言不能时，给予真诚鼓励，从而实现师生有效互动，使学生在知识、技能和情感上实现交流和进步，激发潜能的整合点。如学习发酵工程内容后，教师带领学生在实验室、在家中制作发酵食品，学生边学边做，做中学，学中做，遇到问题查找资料进行解决。又如教学时教师用课件、视频、投影、Flash动画、游戏、故事等多种手段丰富教学活动，但展示时应注意内容要短小精悍，不能把大部分课堂时间都用在故事、游戏、视频上，否则就会脱离教学目标，主次颠倒。

五、"假说－演绎法"在培养科学思维中的应用

（一）以"假说-演绎法"为依托培养学生的科学思维

"假说-演绎法"是指从观察与实验中获取事实，在事实的基础上发现问题并进行分析归纳，提出假说，再以假说作为解释性原理，演绎、推理出实验设计，最后通过实验验证演绎推理的正确性，从而发现事物的共性和本质规律的一种科学研究方法。

"假说-演绎法"隶属于科学探究的范畴，其基本步骤有观察、发现问题、分析问题、提出假说、设计实验、进行实验、验证假说、归纳综合、得出结论等。这些步骤中都蕴含着科学思维方法，不同步骤侧重培养学生的不同思维能力。例如，问题的发现需要处理大量的经验事实和实验素材并进行归纳与概括；而科学假说是在归纳与概括基础上形成的创新思维的产物；设计实验是

从一般到特殊的演绎推理，检验假说是实验验证的过程，而修正假说中会融入批判性思维；归纳综合、得出结论的过程中，需要用文字、图片或模型等表达原理和规律的本质内容。

（二）"假说–演绎法"在培养归纳与概括、演绎与推理能力及创造性思维中的应用

1. 归纳与概括

归纳是对个别事物进行研究考察，从而认识这一事物的普遍规律和一般原理的一种方法。其目的在于通过现象到达本质，通过特殊揭示一般。概括则指把事物的共同特点归结在一起并加以简明扼要的叙述，有归纳和总结的含义。

2. 演绎与推理

演绎法就是由一般性知识过渡到特殊性知识的一种思维方法。推理则包括归纳推理、演绎推理，它们的区别主要是思维方向不同，归纳推理的思维方向是从个别到一般，而演绎推理的思维方向是从一般到个别。

3. 创造性思维

创造性思维是指能产生新颖的结果的思维（活动），其区别于一般思维的主要特点有思维成果的创新性、思维过程的辩证性、思维空间的开放性、思维主体的能动性等。教师以"假说–演绎法"为依托，通过精选例题，可引导学生分析其操作过程，并借机融入科学思维训练，培养学生基于事实和证据进行归纳与概括、演绎与推理及创造性思维的能力。

六、创设问题情境，培养学生科学思维习惯与能力

科学思维是一种重实证和逻辑的求真务实的思维习惯和能力。学生科学思维的发展离不开在真实情境中对生物学问题的思考、审视和论证。情境学习理论的哲学基础是建构主义，强调知识是人在情境中与各要素不断互动建构的过程和结果。所以，教师要重视创设问题情境，激发学生的探究欲望，指导学生运用逻辑思维方法，逐渐养成科学思维的习惯和能力。

（一）针对教材中的重难点，在思维的关键点上创设问题启发思考

教师课堂提问是课堂教学的重要手段，但目前大多数课堂提问的有效性不高，课堂提问的问题层次偏低，压制了学生思维和兴趣的发展，高质量的问题

要表述清晰简洁，聚焦重难点，提升教学情境，激发学生思考。

能力的培养，最重要的是设置问题，引导学生去分析问题、解决问题。有价值的问题设置，关系到学生思维活动开展的深度和广度，直接影响学生思维能力的培养及课堂教学的实效。在创设问题情境时，要利用学生的认知冲突，针对教材中的重点、难点，在思维的关键点上提出问题，激发学生的思考欲望。如，学习有丝分裂内容，在引导学生观察染色体形态的变化时，提出问题"染色质丝螺旋缠绕，缩短变粗成为染色体时，染色体数目是否有变化"。

（二）运用生物学史的学习，提升学生科学思维和创新能力

中学生物学课程所涉及的生物学史内容，每个知识点的背后都闪烁着科学家科学思维和创新思想的光辉，知识并不代表真理而是不断接近真理，我们要敢于质疑，勇于创新，敢于用实践证明自己的想法。在"肺炎双球菌的转化实验"教学过程中，通过追问"从控制自变量的角度，艾弗里实验的基本思路是什么？"引导学生在科学史的问题情境中分析设计实验，提升学生基于事实发现问题、获取证据、逻辑推理等能力，培养学生敢质疑、重实证、重逻辑的科学思维习惯和创新能力。

（三）深入学科本质，培养反思思维

生物教学中的"深"旨在让教学活动深入学科的本质，促进学生理解和把握具体知识背后所蕴含的学科思想观念与方法，充分彰显生物学科育人价值。当然，教学并非一开始就能深入学科本质，需要教师循循善诱，首先设计一些浅显的问题做铺垫，然后逐步加深问题的层级，实现深度建构。在此过程中，教师可将反思思维引入教学活动中。反思思维是思维的思维，反思的目的是让学生从多角度提出问题、分析问题，并通过全面、深刻的思考去解决问题，以达到深入学科本质的目的。

教师通过设计问题引导学生去探索、去发现，使学生的思维向纵深发展，培养了学生结构与功能相适应的生命观念。教师在帮助学生建立知识链的同时，学生又通过质疑、反思，提出新的问题，成为探求新知的生长点，这样不仅拓展了学生的思维广度，而且使学生的反思思维得以提升。

（四）把握知识的内在逻辑，培养整体思维

整体思维要求我们将事物看成一个整体做全面的分析与综合。一方面，

可以从整体出发找出组成整体的各个要素，并且重视各要素之间的内在逻辑关系；另一方面，也可以从各要素出发，在找出它们之间关联的基础上，经过综合使之成为一个有机整体。

整体思维的关键是全面把握构成整体的各个要素，如果不能做到这一点，整体思维将出现偏差。

教师在教学中经常设计一些整体思维问题，可使学生在分析与综合时既注重全面又注重具体，还能考虑到各个要素间内在的逻辑关系，长期坚持，学生就能实现整体思维的提升。

（五）促进问题解决，培养实践思维

学生学习的知识与他们的生活越贴近，学生的认同度就会越高，实践探究的欲望就越强烈，在实践探究中越会点燃创新的火花。所以，在教学中，教师应从所学知识的生活意义和实践价值中找到知识所依存的问题情境，并将探究的问题寓于现实的情境中，完成真实性的任务，培养实践思维。

例如，教师充分利用教材知识，创设情境让学生体验构建氨基酸的模型以及脱水缩合形成二肽模型的过程，再联系生活实际，进而让学生认识到所学知识的价值，培养了学生的实践思维，提升了学生学习生物学的兴趣。有的学生还利用课余时间参与创建学校食堂的营养食谱，宣传均衡膳食；还有的学生尝试构建某种胰岛素的空间结构模型等。

综上所述，教师可通过设计问题让学生自己去思考、去综合、去实践，从而培养学生的反思思维、整体思维和实践思维。

第四节　核心素养视角下的生物科学探究

《普通高中生物学课程标准（2017年版）》明确将生物学核心素养作为课程宗旨，指出"生命观念""科学探究""科学思维"和"社会责任"是本学科核心素养的基本组成。科学探究的重要作用和地位再次受到高度重视，始于21世纪之初的生物学教学改革方向得到保持和加强。进一步加深对科学探究的认识、从学科核心素养的角度全面提高探究教学的效率，是落实课程标准要求的关键。

一、科学探究在中外理科课程中均得到高度重视的原因

从孩童时候开始，人们就会困惑于一些自然现象。这种与生俱来的好奇心产生强烈的求知或探索欲望，正是自然科学产生和发展的动因。人们提出问题并寻求答案的过程，既满足好奇心，也是认识物质和生命世界的探索过程及发现新知识的途径。

正是由于儿童具有寻求周围世界含义和理解的天然倾向，科学教育应增强学习者对周围世界的好奇、欣赏和探询。在生物学及理科课程中，学生不仅应掌握科学知识，还应学会利用他们对知识的理解开展科学探究，从而认识自然世界。基于这样的认识，国内外科学课程的研究和设计人员都在基础教育理科课程中将科学探究置于重要地位。

美国国家研究理事会公布的《美国国家科学教育标准》中详细阐明了科学探究教与学的主要组成部分，强调各学段所有年级的学生都应有机会进行科学探究，并培养其探究性思维和探究性活动的能力。

我国《基础教育课程改革纲要》明确提出，要在教学过程中培养学生的

独立性和自主性，引导学生质疑、调查和探究。教育部在21世纪之初颁布的各门自然学科的课程标准也要求开展以探究为核心的教学。例如，2003年教育部公布的《普通高中生物课程标准（实验）》明确提出，高中生物学课程的核心任务是在义务教育的基础上进一步提高学生的生物学素养，将"倡导探究性学习"作为课程理念，建议教师运用以探究为核心的多样化教学方式，推进学生在动手和动脑的学习活动中全面达成课程目标。

当今，各国都将科学探究放在科学课程的核心地位，科学探究在今后的科学教育中也会对教学目标的实现起到决定性作用。

二、深入理解科学探究

科学并不是静止的，科学理论是与支持它的证据有关的，因而当新的证据出现时，理论可以改变。科学是人类活动的产物，包含了人的创造性和想象力，以及收集数据、解释数据以获取证据的过程。科学探究是科学工作的核心和基本范式。

学生在学校学习科学也应以活动的方式进行，这种活动是一种包括学生本人参与的实践活动，他们亲历发现过程，将新的经验与过去的经验相联系，这不仅能给他们带来激情和快乐，而且能通过主动探究增加他们的知识，科学探究也被认为是学习科学的有效途径。

科学探究是指科学知识发展的方法和活动。根据《美国国家科学教育标准》，科学探究包括观察，提出问题，查阅书籍或其他信息确认已有信息，设计观察方案，根据实验证据修正已有信息，使用工具收集、分析和解释数据，提出答案，解释和预测，与别人交流结果等环节。科学探究需要检验假设，使用批判性思维和逻辑思维，并评价多种解释。

科学探究是指科学家通过研究所得的证据了解自然世界并做出解释的多种方法。科学探究也指学生获取知识、理解科学概念，理解科学家如何工作的学习活动。如此描述科学探究需要摆脱仅仅将科学看作知识积累的观点，并需要理解科学本质，即科学概念的发展过程和价值。

真实的科学探究是科学家在科学研究中进行的。拜比（Bybee）指出科学探究包括3个方面的意思：①科学探究开展的方法；②科学探究的本质；③科学教学的方法。

库恩（Kuhn）认为科学探究分为3个阶段，分别是探究、分析和推理。在真实的科学探究全部过程中，探究过程是最重要的阶段。学生会在此阶段发现活动的意义。若想开展有意义的科学探究活动，必须让学生相信有些值得发现的知识，且这些知识与他们已经知道的知识不同，他们参与探究活动的目的是发现这些知识，并与他们已经知道的知识相结合。分析是指收集到证据之后检验和解释证据。推理是根据已有的证据针对提出的问题给出答案。

科学探究是一种学习方式，它涉及探索自然或物质世界的过程，在寻求新的理解的过程中，它促使人们提出问题，获得证据并对这些证据进行严格的检验。科学教育中的科学探究应尽可能反映科学研究工作的真实情况。

作为生物学核心素养，科学探究是指学生能针对有价值的问题、疑问、难题或想法进行研究，基于好奇与困惑理解生命世界和构建知识的意愿和能力。

三、从生物学核心素养的视角理解科学探究

从20世纪50年代开始，科学探究就在众多国家的科学课程中加以推广，被普遍认为是培养学生科学素养的有效策略。科学探究对于学生掌握科学概念，参与科学实践，理解科学本质，成为独立的思考者和学习者都有重要作用。

（一）科学探究帮助学生理解科学概念

科学探究重视学生本能的学习冲动，探究的过程可为学生提供学习所需的直接反馈和亲身体验，使他们形成新的、持久的对外部世界的理解。在生物学课程中，学生"对外部世界的理解"主要聚焦在对本学科重要概念的理解和掌握。因此，科学探究是学生生物学课程中不可或缺的部分。

参与科学探究有助于学生理解科学知识的发展过程。直接参与科学探究过程或让学生认同多种用于研究、建模和解释世界的方法，还可让学生更好地理解科学知识，并深刻地体现在学生的世界观中。在课堂教学中开展科学探究，要帮助学生建立生物学观点和重要概念，促进学习效率的提高与概念理解的深化。在生物学课程中，科学探究既是学习内容又是学习方式。我国《义务教育生物学课程标准（2011年版）》将科学探究作为一个内容主题，具体描述了学生需要掌握的关于科学探究的概念，是科学探究作为学习内容的典型体现。这

样的认识和做法在国外课程中也较为常见。作为一种主动学习的方式，科学探究不仅能帮助学生构建生物学知识，也能促进他们对科学探究的理解。

（二）科学探究是科学实践的重要部分

科学是解释世界的方式。科学教育的重要部分就是让学生学会科学和工程学实践，以及培养基本的科学概念。同时，受过教育的公民应理解科学发现的过程。在生物学课堂上安排适当的科学探究，可让学生很好地理解科学家的实践，包括确定变量、观察现象、设计实验、收集数据、构建模型、参与实地调查等多种过程，让他们亲身体验科学家是如何探究世界的。当今科学教育广泛使用"科学实践"的术语，其内涵完全包容了科学探究的内容，并加入了工程学实践的要素。

作为一种学习成果，科学探究渗透了生命科学工作范式和工程学设计的习惯，学生一旦掌握，就会在这两类实践活动中变得富有活力，包括更深入地理解科学知识，以及对于科学、技术、工程学和数学（STEM）事业有积极的认知和参与。如今，创新驱动着社会高速前进，创新意识和实践能力是对STEM领域的工作人员的基本要求。能够了解并开展科学探究是学生创新精神和创造能力的标志性学习成果，对于他们日后步入社会有着重要的作用。

（三）科学探究有助于学生理解科学本质

高中生物学课程标准中提出了关于发展学生科学本质观的建议。要实现这个要求，教师需要在教学中帮助学生认识和理解科学本质。

理解科学本质是科学素养的基本内容之一，也是许多国家在基础教育理科课程中的要求。科学本质是指科学知识的价值和固有的假设，包括科学研究的影响和局限等。美国国家科学教育标准在这一方面提出了明确的要求，包括学生应理解科学是什么，科学能解决什么问题，科学对文化有什么贡献。

科学本质的知识属性是科学哲学的范畴，如果以简单的讲授方式授课，学生常难以理解。采用科学探究的方式，可使学生体验亲历发现的快乐，并开始了解科学活动的本质、科学的威力和局限性；探究活动的讨论和反思环节，也是让学生理解科学本质的学习形式。科学探究已被认为是科学本质教学的有效策略。

（四）科学探究让学生成为独立的思考者、学习者

主动的学习者是成功的学习者，探究学习是生物学课程中具有标志性的主动学习方式。科学探究活动让学生学会如何学习，掌握探究技能的学生可为自己的学习负责，他们选择最希望研究的问题开展研究，然后寻找答案。

在探究学习中，生物学教师要帮助学生成为真正懂得思考的人，能自主地为自己的问题寻求答案。科学探究策略优于其他传统讲授方式，因为它让学生参与到对真实现象的真实研究中，并在获取新知识的过程中发展他们的智力技能。

四、在生物学课堂中开展科学探究教学

在生物学课堂开展科学探究教学不同于教授、演示的教学方式，在教学过程中需要结合多种策略和技能。科学探究的教学也不是遵循既定的步骤，按部就班地展开工作的固定套路，相反，它是一个非线性的过程，鼓励学生提出真正的科学问题。课堂上，学生所有假设性的回答都受到重视并经过严格的实践研究。基于这样的思路，笔者提出如下建议。

（一）让学生拥有适度的自主权，动脑、动手相结合

探究教学的课堂管理属性是以学生为中心，即学生要有更多的机会和时间参与思考、观察、动手、记录和交流等活动。这样，教师在探究教学过程中应允许学生拥有适度的自主权，让学生有机会接触他们感兴趣的问题，并寻找合适的途径解答这些问题，有机会表达和交流。但这并不意味着每个学生都从自己的问题出发进行工作或独立地进行科学探究。富有成效的探究活动也可由全班学生就同一个问题开展探究活动，或是分小组探究不同的问题。在每个环节的时间安排上，教师也要收放有度。

在探究式教学活动设计的环节中，教师应明确规划让学生掌握什么科学概念，允许学生探究活动的不同和多样，承认对于同一个问题可能存在多种解决方法。

在教学实践中，有的教师认为"生物学是实验科学，生物学教学要强化动手实验"。这样的认识和表述本身并无不妥，但如果将"动手"等同于"实验"就可能出现偏差。因为，强调动手并不总能保证科学教学的有效性，强调

动手的学习活动不一定就是探究活动。在探究活动中，学生应有机会提出自己的问题，计划、设计并开展科学探究活动从而回答其中的一些问题，有充足的时间思考问题、互相交流，以发展他们的概念并为自己的发现辩护。通过动手、动脑相结合，解决问题促进生物学概念形成是课堂探究学习的关键。

（二）教师发挥积极的促进作用

生物学教师要有意识地设计和实施课堂上的科学探究活动，并提供必要的课堂环境和良好氛围。

教师在探究式课堂教学中起积极的促进作用。作为促进者或向导，教师要精心确定一系列"大概念"作为概念性知识的框架，学生可基于这一系列"大概念"开展科学探究活动。这种概念性知识的框架是指导学生深入学习科学概念的基础，也是教师在备课中充分准备和授课中应注意把控的要点。

教师应创造丰富的教学资源环境，学生在这种环境中学会如何组织和使用学习材料。教育者要营造一个能促进学生参与探究的课堂氛围、校园文化和社会支持的环境，使学生能以小组或大组的形式进行合作，积极参与对话并学会尊重别人的看法，同时能够得到其他教师、家长和社区的认可。

（三）对科学探究进行评价

在科学探究活动中，学生的工作记录和由教师做出的评价结果都能成为了解学生学习情况的基础。

教师应针对学生在探究活动中的表现进行评价，例如测量、观察、实验设计、问题解决等。学生在思维和推理技能方面所达到的水平也应成为评价的内容，即学生是否得到了有效的结论、是否选择了恰当的方法、是否认识到自然界具有规律性等。此外，评价学生对科学概念、科学内容的理解也很重要。

（四）为教师提供多方面的支持

在开展探究教学和探究学习过程中，政府，学校、教师及家庭都扮演着重要的角色。因此，期待生物学课程标准在课堂中落实、教师能有效地进行科学探究教学，除了教师应做出改变，也需要各方面的支持和改变。具体包括：①为教师提供针对科学探究教学的高质量专业发展课程；②政府的帮助和支持。提供多种教学材料和设备；③让父母和社会公众意识到科学探究的重要性；④在各个学科推广科学探究作为教学方式和解决问题的方法。

　　通过科学探究开展生物学教学需要新的教学手段，教师和社会、学校、家庭都必须担负起相应的职责。只有通过政策的鼓励和支持，家庭的认可和协助，学校提供必要的教学材料和设备，教师精心设计和引导，科学探究教学才可能在生物学课堂得以顺利实施。只有成功地开展科学探究教学，才能让学生真正理解、认同、主动参与到生物学课程的学习中，发展学生的生物学核心素养。

第五节　在生物教学中渗透社会责任教育

社会责任指的是基于生物学的认识，参与个人与社会事务的讨论，做出理性解释和判断，尝试解决生产生活中的生物学问题的担当和能力。如何在中学生物教学中培养学生的社会责任呢？

一、教学现状

随着2003年颁布《普通高中生物课程标准（实验）》，生物教学理念有很大的改变，大部分老师在上课时都能意识到学生的主体地位，关注学生的能力发展，教学方式呈现多元化，教学评价在不断地完善，但总体上还是表现在重知识、能力的培养，轻情感态度与价值观的培养，重讨论式的探究，轻动手的实践；在备课时，教师们思考得更多的是如何让学生学会重难点知识而忽略了学科中社会责任的培养。

二、原因剖析

（一）受升学指挥棒的影响，忽略培养学生社会责任感

由于高考、中考在社会上的影响力，在老百姓心中分数的分量很足，而我们现在的考试一般都是纸笔测试，在试卷中呈现得更多的是知识与能力的测试，因此在平时的教学中，为了能让孩子进入一所好高中、好大学，我们的教师往往过于重视知识能力的传授，带着孩子们在题海中奋战，从而忽略了社会责任的培养。

（二）认识不足，认为培养责任感是政治教师的责任

一说责任感，往往就会让人想起思想政治，以为就是爱社会、爱国家等

等，认为培养责任感是政治教师或文科教师的任务。其实，责任感的内涵是很丰富的，各学科中既有共通的部分，又有其特殊的内涵。生物学的社会责任是培养学生造福人类的态度和价值观，积极运用生物学的知识和方法，辨别迷信和伪科学，树立和践行"绿水青山就是金山银山"的理念，参与环境保护实践，崇尚健康文明的生活方式，成为健康中国的促进者和实践者。

（三）能力不足，不善于发现和挖掘知识能力中隐含的社会责任内容

在现行的教材中，直接呈现的更多是知识内容，而在知识中隐含的社会责任内涵则需要通过教师的慧眼去发现、去挖掘，部分教师因经验不足、能力有限等而无法发现和挖掘知识能力中隐含的社会责任内容。如在学习"组成细胞的分子"内容时，除了要分析组成细胞的元素和化合物外，你是否想到通过对这些知识的学习而让学生懂得合理膳食的重要性？这些隐含的社会责任内涵并不是所有老师都能挖掘。

三、教学建议

（一）更新理念，主动承担起培养学生责任感的重任

《普通高中生物课程标准（实验）》在课程性质中提道：高中生物课程将在义务教育基础上，进一步提高学生的生物科学素养。尤其是发展学生的科学探究能力，帮助学生理解生物科学、技术和社会的相互关系，增强学生对自然和社会的责任感，促进学生形成正确的世界观和价值观。而《普通高中生物学课程标准（2017年版）》更是把社会责任列为生物学科核心素养之一。因此，教师要从内心转变以往认为责任感不是生物学科教学任务的观念，把培养学生的社会责任感时刻放在心上，在教学中充分体现，如在备课过程中要思考这节课要培养学生什么样的社会责任感，要在教学目标中有所体现。

（二）梳理教材内容，挖掘社会责任内涵

因为生物学科研究的对象是有生命的，现行的高中生物课本中的很多内容都从不同的方面培养学生的社会责任。如《ATP的主要来源——细胞呼吸》一课，通过学习细胞呼吸原理，学生懂得皮肤受伤时该如何包扎，懂得辨析在平时锻炼时该选择慢跑还是快跑，懂得分析为什么剧烈运动后肌肉会酸胀等；通过对《能源之光——光与光合作用》一课的学习，学生可以对在郊游时看到

有些农田覆盖着不同颜色的塑料薄膜的现象做出合理的解释，农村学生可以指导家人通过调控环境因素来增加农作物产量，城市学生可以参与家中绿化植物的培植活动；《细胞的癌变》一课，培养学生自身养成良好的生活方式，并影响带动家人选择健康的生活方式；《减数分裂和受精作用》一课，培养学生认同配子组合的随机性，纠正重男轻女的思想；《人类遗传病》一课，培养学生正确看待遗传病人和我国的优生优育政策；《基因工程及其应用》一课，培养学生辩证地看待转基因生物和转基因食品的安全性，不要人云亦云；《现代生物进化理论的由来》一课，培养学生以怀疑作审视的出发点，以实证为判别尺度，以逻辑作论辩的武器；《内环境稳态的重要性》一课，让学生懂得解释常见的一些疾病（发烧、腹泻、高原反应、空调病等）的成因、基本治疗措施等；《免疫调节》一课，培养学生关注一些公益事业（器官、骨髓、造血干细胞的捐献等），可以选择性地参与一些公益活动；《其他植物激素》一课，培养学生正确看待植物生长调节剂的使用，宣传合理利用植物生长调节剂以减少负面影响；《种群数量的变化》一课，培养学生参与社区的"创卫""创文"活动，养成保护野生生物资源的好习惯；《生态系统的能量流动》一课，可通过实地调查活动，培养学生如何通过调查报告有理有据地向当地相关部门提出合理改造的建议。

总之，教师应挖掘知识中隐含的社会责任内涵，以言感人，以例动人，激起学生思想的共鸣，使学生由衷地意识到通过学习生物学知识，对自己对人对社会应当负起一份责任。

（三）运用合适的教学手段，让学生沐浴在责任的阳光下

1. 运用信息媒体，关注涉及生物学的社会议题

当今是信息发达的时代，信息来源多种多样，生物教学中可指导学生合理利用信息媒体，关注相关的社会热点。如截取2015年10月，屠呦呦因发现青蒿素治疗疟疾的新疗法获诺贝尔生理学或医学奖的新闻报道，关注中医药对维护人类健康的深刻意义。又如播放杂交水稻之父——袁隆平相关视频，关注杂交育种给人类带来的福音，学习袁隆平老先生几十年如一日，始终在农业科研第一线辛勤耕耘、不懈探索，为人类运用科技手段战胜饥饿带来绿色希望和金色收获的精神。再如，通过播放艾滋病相关视频，让学生懂得拒绝毒品，洁身自爱，并正确对待艾滋病病人。

2. 举行辩论会，参与社会事务的讨论

科学的发展给人们带来了许多便利和利益，在带来好处的同时也给人类一些负面影响，如何正确、辩证地看待这些问题呢？在教学中，我们可以通过举办小型的辩论会，让学生用学到的知识论证自己支持的观点。如通过黄金大米事件，引发关于转基因生物和转基因食品的安全性的辩论，让学生关注国际和我国有关管理法规的动向。又如，举行"人类基因组计划及其影响"辩论会，指导学生从科学发展、人类健康、社会伦理等方面去思考科学的双刃性，思考科学家应承担哪些社会责任，我们作为普通公民肩负的社会责任又是什么。

3. 动手实践，尝试解决生产生活中的生物学问题

生物教学的阵地，除了在课堂外，我们更应该把学生带到户外，通过实践，让学生学以致用。《普通高中生物学课程标准（2017年版）》在基本理念中提出："教学过程重实践"。在教学中教师要注重使学生在现实生活的背景中学习生物学，倡导学生在解决实际问题的过程中深入理解生物学的核心概念，并能运用生物学的原理和方法参与公众事务的讨论或做出相关的个人决策。如，通过爱鸟爱自然户外实践活动，以观鸟观察动植物为切入点，使学生学会一些辨认动植物的方法，切身体验到环境与人类的密切联系，培养热爱自然、保护环境的良好意识，自觉地向亲朋好友宣传，改变人们捕鸟吃鸟的一些陋习，此外，还可培养学生见到捕鸟等不良行为时敢于向有关部门举报的正能量。又如，让学生参与学校生物园的管理工作，用学到的生物学知识培育植物，既可用于做实验，又可用于美化校园。再如，让学生尝试制作真核细胞的三维结构模型，在体验建构模型的过程中，学生学会了分工、合作、分享，学会了从科学性、艺术性、成本等方面去评价，学到了迎难而上的精神。

4. 言传身教，用生物教师人格魅力深化学生的责任意识

教师是学生的榜样。在平时的工作生活中，对社会上一些模糊的认识或错误的观点我们要帮助学生用生物学知识对其进行澄清或予以纠正，切忌片面地看待个别社会问题；我们要积极参与学校及班级的一些事务管理，对学校及班级的一些规划给出合理的建议，如参与校园绿化规划，对学校食堂从营养、卫生等角度给出专业的管理意见，帮助学校及班级策划健康生活、关爱生命、保护环境等方面相关的主题活动，等等。教师的行动就是无声的教育，学生从自己敬爱的老师身上看到了责任感，看到生物学知识带给人们在生活上的快乐和享受，久而久之，学生在老师的一言一行中，在潜移默化中受到感染和熏陶，不知不觉中生物学的社会责任感在不断地增强，也会主动地运用自己所学的生物学知识为家人、为班级、为学校服务。

中学生物学科担负着促进学生全面发展和终身发展的任务，致力于学生科学素养的形成与发展。生物教师既要教书又要育人，培养学生强烈的社会责任感以及使命感，使他们肩负起祖国的重托，我们的教育才是成功的教育，我们才是成功的教师。

当学生面对当地或个人的现实问题参与决策和行动时，正是开展社会责任教育的最佳时机，即通过现实问题引导学生应用生物学知识和方法去解决实际问题，如通过对校园植物及周边环境污染的调查，促进学生针对校园植物栽培及周边环境污染治理提出建议，或为决策提出可行性方案等。

四、实践案例

（一）调查校园植物，培养学生对生物学的兴趣和观察能力

1. 调查的目的、意义

让学生对校园植物进行调查、挂牌、插牌，培养学生对生物学的兴趣和观察能力，提升学生学习生物学的积极性、主动性，使学生受到很好的生物知识和方法的教育，感受校园人文环境和植物在校园中的作用，培养学生热爱学校、热爱大自然的社会责任。

2. 调查内容

为开发校本资源，生物组教师利用活动课组织兴趣小组学生对校园植物的名称、所属科属、形态特征、生长特性及用途等进行全面调查。

3. 调查方法

（1）现场观察

学生对校园内乔木、灌木、草本植物进行系统观察，初步获取校园内植物现状的有关材料和数据，进而进行科学分析，得出关于校园内植物现状及特点

的原始结论。

（2）谈话调查

学生带着现场观察时的疑点走访园艺师，进一步了解校园内植物的现状及特点。

（3）文献调查

学生通过查阅《高等植物图谱》等资料，确认校园植物的名称、所属科属、形态特征、原产地、用途等，让资料具有科学性、可读性、趣味性。

（4）网络调查

学生通过网络资源进一步确认校园植物各特征。

4. 调查结果呈现

① 对照植物特征对校园内各种植物进行辨认、核查，确定植物名称及其特征（含学名、所属科属、基本特征等），制作校园植物挂牌。②以小组为单位写调查报告，提出校园植物优化方案或建议。③编写校本教材《校园植物谱》。

（二）探究环境污染的种类及成因，提升学生环保意识

中学生是21世纪主要的劳动群体之一，也是对环境影响较大的群体。在平时的课堂教学中教师要注重环保教育，教学活动中可带领学生探究环境污染的种类及成因，以提升学生的环保意识，做健康中国的促进者和实践者，加快全民环保教育进程，使未来社会的生产、生活向着合理、有效地利用有限的自然资源、保护环境方向迈进，实现人类的可持续发展。

1. 调查人类面临的全球环境污染问题

化石燃料的大量燃烧使全球气候变暖，即温室效应，带来了许多负面影响，工业的发展使大量有害气体被排放到大气中，使大气成分发生变化，工业废水的排放造成了水污染等，这些环境问题都对人类的生活产生了严重影响。因此，可分成几个小课题让学生以小组为单位进行研究，如调查温室效应、调查大气污染、调查水污染等。

2. 调查全球环境污染导致生态环境变化情况

在一定区域内生态环境的自我调节能力是有限的，人类活动不能超过生态环境耐受力，一旦超过阈值，生态环境就会遭到破坏，从而损害并限制人类活动和区域发展。可组织学生进行森林生态系统退化调查、海洋生态系统退化调查、土地沙漠化调查等。

开展上述有关环境污染的调查，可加深学生对环境污染种类及成因的认识，提出解决环境污染的措施，为当地政府提供决策依据。教师可引导学生在各班设立环保兴趣小组，在全校开展环保知识讲座、环保知识竞答，争办环保校刊等，通过这些活动激发学生的环保意识，提升学生的实践能力。

第三章

基于核心素养的学生学习活动组织

第一节　开展基于真实情境及学生经验的学习

一、理论精要

学科核心素养指个体在面对复杂的、不确定的现实生活情境时，综合运用学科观念、方法、知识与技能解决实际问题所表现出来的必备品格与关键能力。它是学科与人价值的集中体现，是最关键、最重要的共同素养，是通过学科教育而习得的。它具有发展的连续性和阶段性，兼具个人价值和社会价值。学生的学习是离不开特定情境的，人不能超越具体的情境来获得某种知识或能力，情境是否合理直接影响学习的有效性，学习环境中的情境必须有利于学生对所学内容的意义建构，才能积极培育学生的核心素养。

良好的教学情境是高效完成教学任务的脚手架，生物教师要在充分考虑学生心理特点、个性和共性特征以及教学内容的基础上，科学有效地创设真实的教学情境，激起学生情感和认知的共鸣，激发学生学习的动机和欲望，使他们更加主动地投入课堂学习中。

在日常生活中，学生经常会观察到一些生物现象并产生许多疑问，教师在新授课时应创设真实的情境，营造一种有吸引力的学习环境，适当地引导学生对这些日常现象进行观察和思考，引导学生用学过的知识和本节课的知识对这些生物现象进行解释，从而自主建构知识。这样可以激发学生学习生物的兴趣和动机，让学生在自然的情境中、在教师的指引下动手动脑，主动学习生物知识。

二、实践

基于学生的学习经验在真实情境下开展学习，更能促进学生学习，对我们的课堂教学具有实践性的指导意义，实施中要注意以下几点。

（一）通过真实问题来构建知识

核心素养具有很强的综合性，不是单纯的某一项素养或者能力，核心素养的提高需要通过以真实情境为基础的学习来实现。在生物教学过程中，教师要增加学生动手、动眼、动脑的机会，充分贯彻让学生"自己动手做"的教育理念，在无形中激发学生的好奇心和探究欲，形成稳定的生物学习驱动力，让学生更积极主动地学习，不断培育学生的核心素养。

生物学是以实验为基础的学科，科学探究是学生的一种重要学习方式，也是核心素养之一。在探究过程中，学生能够发现现实世界中的生物学问题，针对特定的生物学现象进行观察、提问、实验设计、方案实施以及结果的交流与讨论。教师应给学生提供充分的科学探究机会，让学生通过手脑并用的探究活动体验探究过程的乐趣，不断培养学生科学探究的能力，提升核心素养。

（二）贴近师生生活实际，开展基于真实情境的学习

教学要加强与生活实际的有机联系，开展基于真实情境的学习，这样的学习富有启发性和针对性，更为学生所关注。贴近生活实际的情境更容易促进学生科学思维的不断发展。

设置相对真实的教学情境，能够激发学生的好奇心和求知欲，点燃学生的学习热情，从而使学生主动参与对所学知识的探索发现和认识过程，也能够培养学生不断探索、勇于创新的科学精神和实事求是的科学态度，发展科学思维和科学探究能力。情境越真实，越能反映学生的核心素养水平。

探究的过程和方法以及探究过程中表现出的探究能力是一种综合的能力，其本质是提出问题和解决问题的思维能力，知识是思维能力培养的载体。学生对生物事实的分析和判断是理性思维的结果，逻辑推理既是理性思维的过程，也是理性思维的要求。探究过程和方法以及探究过程中表现出来的逻辑推理能力，是核心素养中关键能力的直接表现。

（三）关注学生现有知识水平，开展基于学生经验的学习

苏联教育家维果茨基提出的儿童教育发展观认为，学生的发展有两种水平：一种是学生的现有水平，指独立活动时所能达到的解决问题的水平；另一种是学生可能的发展水平，也就是通过教学所获得的潜力。两者之间的差异就

是最近发展区，教学应着眼于学生的最近发展区，为学生提供带有难度的内容，调动学生的积极性，发挥其潜能，超越其最近发展区而达到下一发展阶段的水平，然后在此基础上进行下一个发展区的发展。学习是一个能动的建构过程，任何外来的刺激如果没有立足于学生已有的知识和经验，都很难引发学生对知识的真正理解。

第二节　开展基于任务或项目的学习

学生在自主探究活动中积累经验和解决问题的策略，科学思维、科学探究等核心素养得到不断提升。

一、理论精要概述

核心素养基本理论倡导课堂教学中要开展基于任务或项目的学习活动，认为这是实现以学生为中心，激发学生主动学习的重要策略。学生核心素养中"实践创新"所包含的"劳动意识、问题解决、技术应用"等品质，需要通过相关的活动或项目学习来培养，需要在真实问题的解决及具体的社会实践中得到提高。

任务学习或者项目学习是一种任务驱动式学习，它以任务或者项目为抓手，推动学生进行深度、全面的学习。学生在平时的学习中，动机一般得不到激发或者持续时间非常短，致使他们一直处于被动学习状态，如果教师改变课堂教学形式，设置一些符合教学内容的任务，就可以抓住学生的好奇心，在完成任务时让学生有成就感，这样学生就会积极主动地学习。

在基于任务的学习中，所谓的任务指学生面临的一个有关生物学的困惑，需要调动自身知识、经验、技能来探究并解答。它既可以是学生在现实生活中碰到的问题，也可以由教师为教学任务而特别设定。在基于任务的学习中，任务不同于传统意义上的课堂练习题，若学生对某个生物学问题有一套完整的解题模式，那么，这对学生来说就是习题而不是任务。

将基于任务的学习运用到中学生物学课堂中，学生面对的不是知识点的学习，而是运用自身知识、经验等去尝试解决问题或课题。在此类学习中，学生要做的不是类似传统课堂中对知识的记录、记忆，而是在一定的情境下，以解决一个任务为目的，采用各种手段、策略，独立或借助教师的支持，寻求或建构知识的过程。简言之，学生解决问题的过程就是获取知识的过程。为了完成任务，学生必须进行一系列的思维活动，如对任务的基本条件进行分析、提出假设、搜集资料以及验证假设等。

二、实践要点

（一）项目要可操作性强

平铺直叙的讲授会使学生对中学生物学的学习失去兴趣，把内容变为有挑战性的项目更能激发学生的兴趣。项目要明确具体，要可操作性强，这样才容易激发学生的学习兴趣；要尽量避免答案在教材中直接找到，通过项目的完成锻炼学生各方面的能力。

基于项目的学习是一个兼动手和动脑的复杂的认知和元认知过程，基于项目的学习是以学生的行动为导向的，其重心在于学生的活动，学生在活动中探究。各学习小组在完成项目学习后，增强了对生物的兴趣，动手操作能力、实验能力均得到提高。在项目学习中，学生通过设计活动计划并探究，进行自我引导，将知识应用到复杂的现实情境中去解决问题。

（二）任务要贴近生活

置身于完成任务的学习情境中，学生会发现曾经学过的知识是无法直接使用的，必须经过对任务的分析、结论的假设等尝试才能够确定所需运用的知识点。贴近生活的内容具有真实性，课程内容与人们平时的生活关系密切，这样的内容有驱动力，可以使学生带着浓厚的兴趣进行学习，激发学生主动学习。在完成任务的过程中，学生的认知策略得到优化。虽然基于任务的学习可能较传统的知识点学习耗时长、变数多、课堂不易控制，但其对学生产生的影响是以知识为本的课堂学习难以企及的。

（三）任务要难易适中

一个大的学习任务可能会使学生有畏惧感，认为自己完成不了，不知道该如何操作，而一些难易适中的小任务可以使学生思路清晰，有助于他们积极地对生物内容进行探索。教师应该依据教学目标与教学内容设计一些小任务，这些任务密切联系，帮助学生建构知识体系。

课堂教学过程不是一个简单、直接的素养养成过程，而是一个包含着师生双方丰富、连续和积极体验的生成过程，是一个不断变化发展的动态过程。学生在互助合作中完成任务，可以最大限度地调动和发挥自己的潜力，增强学习自信心，同时在不断变化发展的过程中构建核心素养。

（四）兼顾开展拓展性的任务或项目

生物课程是自然科学，拓展性的学习应该被鼓励。教师设置的任务或项目可以使学生收获更多的课外知识，且拓展性课程内容符合课程标准，这样学习也不会偏离目标。

基于项目或任务的学习是以学生的行动为导向的，其重心在学生的活动，学生在活动中探究。项目教学法的实施是核心素养视域下教学模式的一项重要创新，在基于项目的学习中，学生学会信息收集与交流的方法、调查和访问的技巧、统计和测量的方法、表达和讨论的方法，以及自我评价和相互评价的方法，从而具备终身学习的能力。

第三节　有效开展教师引导下的学生自主学习活动

一、自主学习活动理论要点

中国学生发展核心素养由三个方面六大素养组成，其中"学会学习"是不可或缺的一种素养。学会学习，要求学生"乐学善学、勤于反思"，掌握适合自己的学习方法，根据不同情境和自身实际，选择或调整学习策略和方法等。因此，着眼于学生学习能力和学习方法的培养，使学生进行自主学习，对于核心素养在课堂教学中真正得到落实具有不可忽视的价值与作用。

大量研究和实践表明，只有正确处理教与学的关系，有效开展教师引导下的学生自主学习活动，使学生学会学习、学会思维，才能有效提高学生的核心素养，提高学习活动的有效性。

基于核心素养组织"以学生为中心"的学习活动，是学生形成和发展核心素养的重要保障。纵观目前的中学课堂教学，许多教师备课时更愿意在教学内容的广度和深度上花大量的时间，而忽视对课堂组织形式的琢磨和对学生学习形式的研究；还有许多教师往往仅重视陈述性知识、程序性知识的教学，考虑策略性知识教学则较少；还有部分教师，虽然意识到与学习策略性知识有关的课堂教学手段和组织形式更有利于提高学生的自主学习能力，并在实践中有所尝试，但由于对教育学和心理学理论缺乏系统和深入的学习思考，因而对实践过程中遇到的问题不了了之。如何正确处理教与学的关系，有效开展教师引导下的学生自主学习活动，需要我们努力去探索与实践。

二、实践注意事项

（一）要注意激发学生的学习兴趣

兴趣产生于认识和需要，是人们力求认识某种事物的心理倾向，也是参与学习的强大力量。在课堂教学中，为了突出学生的主体地位，教师要改变传统的教学观念，抓住时机采取生动有效的教学手段和方法，激发学生学习和探究的欲望，点燃他们内心渴求新知识的熊熊火焰，使他们主动参与到课堂教学活动中去，变"要我学"为"我要学"，这样的教学才具有生命力。"兴趣是最好的老师"，做自己喜欢的事才能做到极致。一名优秀的教师一定是善于激发学生学习兴趣和调动学生学习积极性的，能使学生处于最佳的学习状态，全神贯注地投入其中，自觉主动地学习，提高学习效率。学生是一个个鲜活的个体，从他们踏进课堂的那一刻起，就在尝试接受一种新的学习环境。

（二）要充分挖掘学生的认知潜能

从建构主义知识观出发，知识是个体对现实的理解和假设，受特定经验和文化的影响，每个人对知识建构的理解是不同的。因此，教学过程中应注重引导学生对知识进行主动的、有意义的建构。同时，学生的学习活动应建立在一定的认知学习基础上。

学生是课堂中的主角，而不只是观众、听众。新的教育教学理念提醒我们，课堂上虽说教师才是引导者，但应尽可能突出学生的主体地位，所谓教学应该是既有教又有学。所以说，"教学相长"是教育的最高境界。教是为了最终不教，教的目的是促进学，突出学生的主体地位是课堂追求的核心，使学生学会学习又是教育的归宿。从某种程度上讲，教师的教就是为学生的学服务的。

（三）要注意进行有效提问

教师的课堂提问既是一种手段，又是一门艺术。组织学生进行自主学习活动时，教师和学生之间是一种师生合作的关系。要使这种合作成功，因素有很多，其中教师的提问就是至关重要的一个。如果能够在课堂教学中科学地设计问题并合理地提问，就能优化课堂结构，真正体现教师的主导地位和学生的主体地位，从而高效地达成教学目标。教师如果在学生自主学习活动前随意设问，不考虑学生的实际情况，会导致：有些问题过于肤浅，使学生的思维得不到训练，学习活动毫无价值；有些问题过于深奥，让学生无从下手；还有些问题与本节内容没多大联系，提问根本没有价值。此外，学习活动之后的总结也很重要。有些教师能够在课堂上提出一些开放性的问题，引起学生思考，但没有及时引导学生总结归纳，使学生的思考只停留在问题表面而未能深入，学生没有能力及情感态度与价值观层面的收获。

第四节 开展基于合作理论的"学习共同体"学习活动

一、"学习共同体"学习活动理论精要

核心素养理论十分强调学习共同体的创建，意在通过师生之间、生生之间的交互作用，通过个人知识和学科知识的对话互动，使教学过程成为学生核心素养生成的过程，成为知识创造的过程、真理发现的过程。

教学活动是以教材、教具为媒介而展开的活动，是在师生与生生之间展开的交互活动，这一过程中浸润着对话性互动。学习共同体的教学从本质上说就是一种对话性实践。日本学者佐藤学把这样一种学习界定为三个维度的对话性实践：第一维度是同客观世界（题材、教材）的对话性实践。这种实践是认知性、文化性的实践。第二维度是同教师与伙伴的对话性实践。学习绝不是单枪匹马，而是通过师生之间的沟通来展开的。这种实践是人际性、社会性的实践。第三维度是同自身的对话性实践。学生不仅同教材、教师以及课堂里的伙伴展开对话，而且在同自身的对话中形成自我的主体性。这种实践是自我内在的存在性实践。这样看来，学习就是同客观世界对话、同他者对话、同自我对话的交互性实践，是以三位一体的方式来寻求建构世界、建构伙伴、建构自我的对话性实践。大量研究和实践表明，学生只有学会合作学习、学会交流，才能提高学习活动的有效性，提高自身的核心素养。

二、实践中要点

（一）要注重培养学生的独立思考精神

合作学习为生生合作提供了一个平台，无论是小组合作交流还是以多人为单位或者面向全班同学的互动合作，都对学生的积极学习起到了一定的促进作用，让每名学生都能在这个平台上进行适合个人水平的独立思考。当然，合作学习的成果是属于一个团队的。可能团队的合作学习任务最终没有完成，但这不是最重要的，值得注意的应该是在完成任务的整个过程中，团队内每名学生的非智力因素、意志品质得到了锻炼和提高，这种潜移默化的发展是其他任何学习活动都替代不了的。

目前的课堂教学还是以学生的独立学习为主，合作学习组织实施起来有相当大的难度，甚至有些生物老师从未敢尝试过，怕影响整堂课的教学效果，影响教学目标的达成。虽然人的思想可以相互影响，但即使借鉴他人的学习方法与成果，也应建立在自主学习、独立思考的基础上，这样思想才会被更好地吸纳。

（二）要注重培养学生的学习自信心

自信心是一个人取得成功的重要条件。作为学生学习过程中的主要引导者，教师的表扬和鼓励是学生进步的动力。在课堂教学中应建立民主和谐的师生关系，以表扬鼓励为主，帮助学生不断保持学习兴趣，培养他们学习的自信心。如在教学时实行鼓励性提问，问题设计注意知识的深入浅出，表述力求简单明了，使学生容易听懂，把回答机会多留给学习能力弱的学生，当他们回答正确时及时给予表扬和鼓励，使他们体验成功的喜悦；如果答得不好或答错时不要指责，而是把问题再细化或具体化，引导他们一步一步找出答案。又如在小组合作学习中，要让每个同学都有发言、表达、展示的机会。因材施教，就是让每个学生在学习中有获得感，有自信心。

（三）要引导学生学会倾听

教师要帮助学生养成科学合理的学习习惯，教会学生善于学习，其中培养学生"听"的习惯，使他们学会倾听很重要，这可以促进学生进行有效学习，提高学习效率。教师应先从吸引学生听、培养学生听的兴趣入手，使其养成专心听、耐心听的习惯，并指导学生如何去听、听些什么。教师自身应做到精心准备教学内容，语言表述合理科学，声音抑扬顿挫，不失幽默感。指导学生，当倾听同学发言时，要听好他们所举的每个实例与所探究的主题是否相关，要听清他们对问题的解析过程，更要听好他们得出的最终结论。这不仅是为了学生能更好地沟通交流，还因为他们是个学习共同体，有着共同的任务和使命。佐藤学所说的"倾听"与我们通常说的"注意听讲"不是一回事。他所倡导的"欣赏""体味"型的倾听有一定的难度，因为不光要听话的内容，还要听其中的情感，即画外之音、言外之意。这其中不仅有信息的传递，还有情感的交流与共鸣。尤其对那些不假思索就发言的学生，与其鼓励其发言，不如培养其倾听能力，让其在听的基础上学会思考，提高思维能力，最终提高发言的质量。

（四）要引导学生学会反思

教师可以通过科学的引导，联系学生的生活实际，举他们身边熟悉的事例，唤醒他们的记忆，让他们对亲身经历的事情进行回忆和反思，由此开启探究之旅。学生在探究学习活动中，不管是个人还是以团队为单位，都应有体验、反思、感悟这一过程。这其中包括知识的形成、学习方法的积累、习惯的再现、研究的开展和结论的得出。当然，学生在探究的过程中出现错误也是在所难免的，这正是他们积极参与学习、具有较高热情的最好体现。教师要做的不是就事论事，发现问题时不应直接给学生指出，而应有意识地利用旧知与新知之间的联系，找到切入点，引导学生自己发现问题，通过团队合作的方式一起寻找解决问题的方法。教师的巧妙设计、灵活处理可以帮助学生做到自己反思错因，对问题展开研究并找到答案。教师若能将学生学习过程中出现的困惑与错误转化成课堂教学的素材，必定会使课堂呈现别样的精彩。

第四章

基于核心素养的中学生物学概念教学实践

第一节　中学生物学概念教学

一、什么是概念

概念是对共同具有某些特性或属性的事件、物体或现象的抽象概括，是一种由相近或相似的事件、想法、物体或人所组成的集合。科学领域的概念尤指描述的一种相当复杂的体系，而不仅仅是对客观物体的简单分类，它是有逻辑的且相互关联的综合体。例如，细胞的概念是由以下科学事实支撑的：①动物、植物都是由细胞构成的；②绝大多数的生物都是由细胞构成的；③细胞的基本结构包括细胞膜、细胞质、细胞核（或拟核）；④一个细胞能够完成与细胞外的物质与能量的交换和细胞内的物质与能量的转变（代谢）过程；⑤一个细胞有一定的物质结构基础，能够完成自我复制的过程（繁殖、遗传和变异）；⑥一个单细胞生物具有生命的基本特征；⑦细胞分为原核细胞（包括细菌、蓝藻、放线菌、衣原体、支原体、立克次氏体等）和真核细胞（包括植物、动物、真菌等）；⑧细胞是生物体结构和功能的基本单位（本质属性）。

（一）概念与术语词

心理学中，"概念"是一类拥有共同特性的人、物体、事件或观念的符号。教育学中，"概念"是指关于某一对象的观点、看法。概念可以用术语词进行概括，但并非所有的概念都能用术语词概括。

教师应特别关注概念内涵与外延的建构，让学生将对某概念的理解用完整句子、小段落的形式表述出来。许多国家在课程和教材编制过程中有意弱化了专业名词和术语词的使用。在美国"2061计划"中，研究者尽量避免使用专业名词，将概念与术语词分开。他们建立了专门的研究小组以筛选基本科学素养必备的概念及术语词。

（二）概念与日常观念

有时，概念也与观念混用，不过需要特别提醒的是，正如爱因斯坦所言，在科学上形成概念的方法和我们在日常生活中用来形成一些观念的方法是不同的，科学领域的概念需要更加周密地定义并得出结论，需要更加费尽心思和系统地选择实验材料，并且特别重视逻辑推理。

（三）概念与定义

概念和定义有十分接近的表示，但两者又不完全相同。定义通常用"是……"来表示，说得十分肯定。而概念描述一类事物的本质，有时并不用"是"来描述。

（四）概念与事实

事实是构建概念的重要基础。事实构筑科学的方式就像压砖块建造房子，但是事实的积累不等于科学，正如一堆砖不等于房子。因此，在生物学课堂教学中我们应从关注知识教学转变为关注概念教学。

二、什么是核心概念

核心概念是位于学科中心的概念性知识，包括了对重要概念、原理、理论等的基本理解和解释，这些内容能够展现该学科的整体框架，是学科结构的主干部分。

核心概念的确定标准如下：在多个科学学科中的地位突出，是组成某个学科结构的关键概念；能为理解或研究某些复杂概念和解决问题提供关键性的工具；可在多个学段教学，随着学段的变化，可逐步变复杂、逐渐深入。

核心概念1：生物体具有特定的结构和功能（从分子到生物体——结构和生命活动过程），包括生物体的结构和功能保障了其生命活动、生长和繁殖的进行；结构和功能；生物体的生长和发育；生物体中进行物质和能量流动的组织；信息处理。

核心概念2：生物体能够将性状和性状的变异传递给下一代（遗传——遗传和性状变异），包括生物体有一套机制和过程，使性状及其变异可从亲代向子代传递；性状的遗传；性状的变异。

核心概念3：生物个体和种群从包含其他生物和化学因子的外界环境获取必需的资源（生态系统——相互作用、能量和动态性），包括生物体及其种群从环境中获取必要资源，包括生物因素和非生物因素；生态系统中相互依存的关系；生态系统中的物质循环和能量转换；生态系统的动态、运行和恢复。

核心概念4：生物进化解释了物种的统一性和多样性（生物进化——统一性和多样性），包括生物进化论为物种的统一性和多样性提供了解释；共同祖先的证据；自然选择；适应；生物多样性和人类。

三、什么是概念教学

（一）概念教学简介

围绕核心概念展开的教学活动称为概念教学。开展概念教学要注意以下两点。

1. 确定核心概念

确定核心概念受教师本身的生物科学专业素养的影响。例如，教师是如何理解生物科学的，在教师的头脑中生物科学框架是什么样的，为什么要教授生物学，要教给学生什么。

2. 概念的细化与拆分

即把握所教授部分核心概念之间的关系；阅读教材，分析教学要点；在确定的教学要点中，区别概念和事实，列出概念，用一句话来表述；比较这些概念的抽象程度和上下位关系，然后依次列出。

（二）明确概念教学的主要任务

1. 了解和明确学生的已有概念（前科学概念、错误概念）

错误概念是指人们在日常生活及以往的学习中形成的与当前科学理论对事物的解释相违背的经验性理解。错误概念的形成往往不仅仅是由于理解偏差或遗忘，还常常与日常直觉经验相联系，植根于一个与科学理论不相容的概念体系之中。如认为呼吸作用就是呼吸运动；植物白天进行光合作用，晚上进行呼吸作用；鸟卵就是一个细胞；显微镜下观察到的图像与实物完全相同；光是种子萌发的必需条件；无花果不开花；蝙蝠是鸟，鸡不是鸟等。

2. 在纸笔测试中，学生未答出术语词而答出概念的内涵是否算正确

概念教学不满足于学生知道或记得某个术语词，而是将课堂教学的重心变为帮助学生深层次理解这些概念。每堂课的教学设计围绕相应的概念展开，形式可以是讲授、演示、讨论，也可以是探究活动或实验等，但是内容都要与概念的发展一致，都是为了学生对这些概念的深层次理解，如在考"顶端优势"的概念时，学生既可回答"顶端优势"，也可回答"顶芽优先生长，侧芽受到抑制"，两者均为正确答案。

需要注意的是：术语词仅仅是标记（指示概念的符号）；学生记住术语词并不意味着理解了概念；教学的主要目的是理解术语词，并不只是记住这些词。

第二节　生物学核心素养概念型学习内容教学设计研究

一、生物学核心素养概念型学习内容教学设计原则

（一）因学定教，对学情进行多角度的分析

建构主义强调学习者在学习中的主动性，这一点与核心素养的观点是不谋而合的，两者都持着自主学习、意义建构的观点。其本质就是强调在教学问题情境中学生能够主动地发现问题，对问题进行思考探究讨论或通过查阅分析资料将新知识与旧经验相互结合作用，从而解决问题并达到意义建构的效果。实现这一目标的关键在于问题难度的设置是否符合学生的最近发展区以及问题设置的形式能否激起学生的兴趣。因此学情分析是展开有效教学的前提条件。

传统的学情分析主要是指课前学情分析，即对学生已有的知识和技能进行简单了解，分析内容、手段单一。在核心素养的背景下学情分析可划分为课前学情、课中学情、课后学情。随着课程改革的深入与核心素养的发展，学情分析应该将学生的智力因素和非智力因素统统纳入考量范围，也就是说情感、智力、生活经验以及身体发展阶段等方面都应成为学情分析的内容。从知识方面进行分析应该弄清楚在学习本节课题之前学生对相关知识的掌握情况，并大致判断学生对相关生活经验的了解程度；从情感方面进行分析应该着重分析学生的性格特征以及判断相应事实对学生情感态度与价值观的影响；从智力方面分析不仅仅要分析学生接受知识的快慢，更要分析不同的学生接受方式的差异、逻辑思维的差异；从身体发展阶段进行分析要求教师了解青少年心理学并清

楚相应年龄阶段的学生的智力发育有何特点。

所以学情分析其实是一个很复杂的过程，因此教师除了通过作业的完成以及考核的情况来评估学生掌握知识和能力的情况外，还要在课堂上多观察学生学习的特点，课余跟学生进行适当的交谈等，这样才能对学生进行更加准确全面的评估。

（二）以能力培养为导向，灵活选用教学方法

受不同时代、社会背景、文化以及研究角度的影响，不同时期的教育研究者对"教学方法"的定义各不相同。但总体来说，教学方法即使用于教学活动中，能辅助师生双方共同进行并完成教学内容的手段，其功能在于更好地完成教学目标。

概念型学习内容具有客观性、抽象性、概括性等特点。针对这样的学习内容，教师应该在遵循建构主义教学观启发式教学的原则下合理地运用各种教学方法。不同类型知识点的特点在上一章笔者已总结过，这里不再赘述。值得一提的是，实际上任何教学方法都具有启发性，但其启发作用是否可以发挥出来取决于教学方法的选择是否和教学内容特点相匹配，以及教师是否可以通过此方法激活学生的思维，让其意识到新知识与旧经验产生冲突或形成建构。

（三）选择有效传输媒体，提升教学有效性

在核心素养的背景下选择教学媒体首先要求教师正确分析教学内容及其特点，并据其特点选择合适的教学媒体。

其次在使用现代教学媒体时也有很多细节需要注意。第一，不要过早暴露教学内容，过早暴露尚未学习到的内容会打破营造好的情境氛围，分散学生的注意力，不利于激发学生对问题进行思考探究。因此教师在使用现代化的教学媒体时最好设置为"演示者模式"，掌握好每个引入、知识点、过渡、问题、答案等之间的衔接，这样才能更好地发挥现代教学媒体的作用。第二，在展示教学内容时教师应设置合适的时间停顿，过快的课堂节奏不利于学生思考且让人感到疲惫，因此在不同教学内容的转折或情景问题出现时教师应给学生留有足够的时间进行思维逻辑的梳理或对问题进行思考探究，在此停顿的时间里教师也要注意观察学生对所学内容的反应，根据学生的反应发现课堂的问题并适当地调整教学的进度与方法。第三，教学媒体展示的内容不应该照搬课本，若只是将课本上的内容重新展示一遍则失去了教学媒体的价值。教学媒体所展示的内容应该以课本内容为范围并在此基础上进行深化或横向、纵向的比较，这样才有利于将零散的知识形成知识网络。

（四）设计多维度的教学评价，实现全面学情分析

基于核心素养的教学评价的设计应做到评价内容多样化、评价主体多元化、评价方法多样化，注重对学生获取知识能力的培养、情感态度与价值观的培养以及创新能力的培养。

教学评价的目的之一是将学习情况及时地反馈给教师和学生，为实现这一目的，新课程的教学评价必须设置多元化主体，包括教师评价、学生自评和互评。这样的评价模式不是教师对学生的单方面刺激，而是教师与学生、学生与学生之间的交流互动过程，评价者通过主动地参与评价活动随时发现自己的不足、哪里不足、为什么不足以及认识自己何处在进步，通过这样的形式能够清楚地审视自己的表现并进行有效反思。这样的评价模式无论是对教师实施有效课堂还是对学生促进自我教育都会产生很好的效果。联系前文将教学目标分为三梯度，因此评价体系也应实施三梯度评价。多梯度评价表的被评价者主要是学生，它将因材施教的理念贯彻到各个教育环节中。除此之外，评价不应只注重知识水平和技能是否达到目标，也应该关注学生情感态度和价值观的形成以及良好行为习惯的养成。

二、生物学核心素养概念型学习内容教学设计的具体程序

（一）学情分析

基于核心素养的学情分析横向上应涉及课前学情、课中学情、课后学情三点，具体分析内容包括学生的智力因素与非智力因素两个方面。

课前分析工作量最大，首先应清楚地掌握本节课学习的知识点与之前学习过的知识点有何联系以及该知识点在日常生活中以何种形式出现且是否会造成学生建立错误的前经验。其次要分析受教的学生的认知发展水平和生理发育处于何种阶段（一般来说，几乎所有高中生的认知发展水平与生理发育都已达到形式运算阶段，该阶段的学生在面对陌生知识时仍然需要教师给予必要的梳理与分析），针对该阶段的特点教师应注意调整教学速度与问题设计难度。最后

是分析学生的非智力因素，非智力因素中对学习效果影响最大的是兴趣与动机两个方面，只有学生有掌握知识的强烈愿望时，才会积极地主动学习。非智力因素的分析需要教师在课堂中、课后留心观察或在适当的时间与学生交谈才能得到相应的判断，建立数据库。所以非智力因素的分析不必每次备课都实施，只需每隔一段时间重新审核即可。课中学情的分析主要是指教师通过观察学生课堂即时表现，通过经验判断当前的课堂节奏、问题设计、讲授方式是否需要进行调整。课后学情分析主要是指教师通过作业的布置、试卷的考核等形式了解学生对知识和技能的掌握情况。

传统教学设计的学情分析注重分析学生现有的知识储备和能力以及能与新知识联系上的旧知识经验的掌握情况；基于核心素养的教学设计的学情分析在传统分析的基础上还考虑了学生掌握知识的策略以及非智力因素如兴趣、动机、性格等，并且此学情分析不单单用于课前，在课中、课后同样要求老师及时地对学生进行观察、评价反馈，调整教学的策略，因此这样的学情分析是多角度、多细节的。

（二）学习内容分析

学习内容是实现教学目标的文化载体，通常是指教学大纲上规定的学科知识，教师应详细分析这些知识与之前、以后学习的知识的联系，并分析其是否会出现在学生生活经验中、以何种形式出现、可能会形成怎样的刻板印象等，以及这些知识点对应的学习目标和教学中的重难点。

传统教学设计的学习内容分析会着重分析教材的重难点，以及学习内容在整本教材中的逻辑结构，基于核心素养的教学设计在上述分析的基础上还将学习内容与学习任务紧密对应起来。

（三）学习目标设计

首先应以现行的中学生物课程标准和教学大纲为依据，确定最低标准的学习目标。其次通过分析不同学生对学科知识的掌握程度以及学习策略的掌握情况确定分级目标，为不同学习水平的学生制定不同层次的学习目标。其中学科知识的掌握情况由课堂提问、作业完成情况以及日常测验成绩等作为评判标准。学习策略的分析可以调查问卷、课后谈话、课堂观察为评判参考。

传统的教学设计的教学目标根据教学大纲来制定，教师在进行教学时不能超纲，可操作性小。基于核心素养的教学设计的教学目标根据课程标准和教学大纲来制定，其标准为教学目标的下限，教师可根据不同水平的学生制定分层目标，操作空间大。

（四）教学方法的设计

在完成学情分析、学习内容分析以及学习目标设计后，我们可以根据不同学习内容的特点设计不同的教学方法。常用于生物学课堂的教学方法有：讲授法、谈话法、实验法、演示法、讨论法等，教学有法但教无定法，因此要根据具体的教学内容特点来选择合适的教学方法。例如面对较抽象、复杂的概念，学生无法在生活中轻易感受到，教师可以采用演示法直观充分地展示；面对大量对比、归纳整合的知识点，比较适合采用先讨论后讲述或谈话参与式教法。例如：学习内容以原理法则型知识点为主时，这类知识具有高度抽象的特点，学生很难通过教材理解其本质，这时教师可采用演示法配合讲解，帮助学生深刻理解知识点；若是学习学说理论型知识点，教师不应单纯地按照教材内容逐步讲解，应充分利用其科学探究过程采用讨论法、谈话法等形式让学生尽可能地体验科学探究过程。只有充分分析知识的特点并采用适合的教学方法，才能使教学活动取得良好的效果。

传统教学设计的教学方法设计的目的是帮助课堂运行得更流畅，帮助教师更好地展现教学内容吸引学生注意；而基于核心素养的教学方法是根据学习内容的特点选择的，目的是更好地配合教学内容，使其呈现形式更易启发学生，让学生主动探究。

（五）教学过程的具体安排

上述过程依次分析设计好之后即可进行教学步骤的安排，教学步骤的安排包括每个活动环节所用的时间、教师活动内容以及学生活动内容、教学媒体如何穿插，以及学习任务如何设置。

传统的教学设计，教学过程以教材、教师为主，互动环节较少且设计单调；基于核心素养的教学设计的教学过程以学生为主，强调自主学习，且设计多种形式的教学活动，例如真实情境的体验、小组讨论探究等。

（六）教学媒体的选择

概念型知识点大致分为四类，基本概念型知识点对于学生来说大多比较陌生，在塑造新知识的过程中多举实例有利于新知识的消化，因此学习基本概念时教师可以多使用教学媒体展示跟知识点相关的图片、影像。基本概念延伸型知识点的抽象性较低，但它是基本概念的延伸，因此内容较多、较烦琐，此类知识点容易让学生感到枯燥，因此可以利用板书或者幻灯片呈现表格、树状图、思维导图等帮助学生梳理大量知识点，建构知识网络。原理法则型知识点比较抽象，很多微观现象学生们无法在现实生活中观察到，教材上单纯的文字解释学生并不能真正理解，教师应准备视频动画、模型道具还原其生命活动变化过程。学说理论型知识点具有较强的逻辑性且附带科学史，教师在对这部分内容进行教学时不能只单纯地用幻灯片展示教材上的内容，要准确地梳理科学研究的逻辑，通过板书或是幻灯片展示生命现象、科学证据，引导学生进行逻辑推理。

三、生物概念型学习内容的界定

生物概念对于生物学而言是非常重要的知识逻辑框架，概念型的知识点在生物教材中体现了生物的结构、生理乃至一切生命现象、原理及规律，是对生命现象的感性认识上升到理性认识的抽象知识，因此概念型知识具有高度的抽象性、客观性、逻辑性。它们不仅仅是教学中的重难点内容，也是构成章节单元课时的逻辑基础。其中基本概念、基本概念的延伸、法则原理、理论学说等都属于概念型知识点。

概念型学习内容中基本概念占了很大的比重，例如"卵细胞""核糖体""反射弧""静息电位""种群"等都属于基本概念。这类概念型知识点对于学生而言，往往属于"新概念"或"大概念"，新概念的出现意味着在对旧观念的冲击下重塑知识或在与旧观念不建构的情况下形成新知识。所以在学习此类概念型知识点时教师应注意避免学生日常经验对新概念的形成产生干扰，多举实例深化新概念。而大概念则意味着基于此能延伸出很多其他的知识点，所以在学习基本概念时不仅仅要多举实例深化概念在学生脑海中的印象，还应深度剖析概念的内涵及其外延。一般来说基本概念的外延概念都在教科书上以另一知识点的形式出现，而这两个知识点在内涵上其实是有部分重合的，学生在学习其外延概念时本身也是对基本概念理解的深化。

每个基本概念或原理法则都有其内涵和延伸。"概念延伸"知识点，其特征是在基本概念、原理法则的基础上衍生出新的概念型知识点。例如"酶"属于基本概念，从酶这一基本概念可以延伸出"酶的特点"；再比如"演替"属于基本概念，从演替这一基本概念出发可以延伸出"演替的类型""演替的过程"。那么"酶的特点""演替的类型""演替的过程"就属于基本概念延伸。这类概念型知识点的特点会因其衍生源的概念而不同，其概括性、抽象性总体来说没有基本概念那么强，但相对来说比较烦琐。教师在对此类知识点进行教学时可以利用表格和思维导图来帮助学生梳理知识，建构知识网络。例如："蛋白质的功能"为延伸概念，蛋白质的功能分为以下五点："结构蛋白是构成细胞和生物体结构的重要物质之一，一些蛋白质可以充当运输载体，例如血红蛋白，有些蛋白质在体内起着信息传递的功能，例如胰岛素，有些蛋白具有免疫功能，例如抗体，大多数酶为蛋白，例如胃蛋白酶结晶"。虽然这部分知识并不是高度抽象的基本概念，但其所表述的都为微观现象，是学生们在日常生活中无法用肉眼观察到的，因此在学习这类知识时教师应准备相关的图片或视频，并以表格的形式总结其功能和相关实例。

原理由一系列概念组成，是最基本的规律，主要阐述生命活动中的物质运动变化与结构功能变化的规律，以及动态变化过程应遵循的基本规则。"有丝分裂""主动运输""光合作用""转录"等都属于原理，例如：主动运输属于物质运输中的一种规则，主要阐明了一类物质在无法自由通过磷脂双分子层的情况下，借助载体蛋白并消耗细胞能量通过磷脂双分子层的过程。这类知识点具有较强的逻辑性，教师可以运用教学模型或者使用多媒体以视频、图片的形式充分展示其动态过程，或运用板书的形式边推导边讲解，帮助学生形成正确的概念。

四、生物学核心素养概念型学习内容教学设计实践中应关注的问题

第一，教学设计中的问题除了需要符合学生的智力发展水平外，还应注意尽可能地以真实生活的事件作为问题的背景，一是为了培养学生解决真实问题的能力，二是让学生对真实生活中的生命现象具有更好的理解和解释能力。

第二，教师在创设问题情境时，应尽可能地采用与社会热点、生命健康、伦理道德、环境保护、生产生活相关的问题，这样的情境创设不仅能够解决生物学问题，学生也主动地参与到相关的社会问题中，有利于培养学生的社会责任。

第三，在设计教学活动流程的时间时，应注意给每个问题适当的时间，让学生能够充分地思考。

第四，概念型的学习内容中掺杂着科学家的结论、理论与学说演绎，对这部分知识不可当作一般知识直接陈述过去，教师要充分利用其演绎过程，让学生合作探究。

第五，教师在分析本节学习内容与单元章节的关系时，不必严格拘于课本，可以根据知识之间的逻辑关系做适当的顺序调整。

第五章

基于核心素养的中学生物学生活化教学实践

第一节　中学生物学生活化教学的理论概述

一、相关概念界定

（一）"生活""生活化"的内涵

马克思认为，人的全部生活是以现存的感性世界为基础的，生活的本质包括最基础、最核心的对象——人，人是生活的主体，存在人这个主体的参与，才有真正的生活。"生活化"可以理解为："一直处于生活中的一种状态，就是使行为活动富有生活的气息。"任何行为活动，都离不开意识和意志，都持有对现实生活的思考和立场，包括教学活动。

（二）"生活化教学"的内涵

当前全球面临着资源枯竭、人口膨胀、环境恶化、生物多样性受到威胁等许多亟待解决的难题，恶果一触即发，人类社会的生活可以说四面楚歌、如履薄冰。不难发现，生物科技在解决这些全球性大难题中充当了不可取代的角色，生物科学朝着更加关注人类自身的方向发展。中学生物学课程十分重视与现实的联系，关注学生已有的生活经验，指导学生将理论应用于实际，并为未来的职业选择做准备。

生活化教学就是把教学与学生的生活实际结合起来，以学生的生活为中心，在教学中引入与学科知识有关的生活实例，用知识阐释生活，使抽象知识具体化，同时引导学生有选择地把具有学习价值的生活实例引入学习中，使学生在获得知识的同时习得技能，并学以致用，创造性地解决生活中的生物学问题。

（三）"中学生物学生活化教学"的内涵

中学生物学生活化教学是一种学科教学方法，它既具有一般自然学科生活化教学方法的通性，又同时受到本学科性质和特点的制约，因而必然又具有相对于其他学科生活化教学的特殊性。中学生物学的生活化教学要求教师以"注重与现实生活的联系"为导向，以理论知识为课堂结构的基本骨架，配合各种生活化的教学资源和教学手段，使学生感知到生物学的趣味，学会关注生命、关注生活、关注健康，让学生从生活中发现生物的美，借助生活经验构建生命观念，并将所学到的生物知识运用到生活中，提升生活质量。

二、生活化教学的理论基础

（一）我国教育家孔子的教学思想中渗透出的生活化教学理念

孔子继承我国自夏、商、周以来的重教传统，主张要立国治国就要发展教育。关于经济发展与教育的关系，孔子一马当先，提出这样的思想："物质作为根基，教育好比上层建筑，两者共同推动经济的发展，使国家富强安乐。"

孔子的人性论中提出"性相近也，习相远也"。以"习相远"为出发点，人的生活环境应当得到关注。他强调人对居住环境和社会交往的选择能够对人自身的发展产生深远影响，这种具有唯物主义倾向的教育主张也得到后人的传承和发扬。

孔子还提出"学、思、行"结合的教学方法，强调学、思之后，还要懂得学以致用——行，这就是学习的过程，也是教的过程。学习了《诗经》，要能将其应用在政治、社交上；学习了道德规范，就要在日常生活中体现相应的道德行为，如择善而从、知过能改。不能应用于实践，学习就没有意义。

孔子在世界上首次提出了启发诱导式教学法。《论语·述而》中的"不愤不启，不悱不发"，意为教师要在学生思考的基础上启发学生进一步思考领会。

总体来说，生活化教学就是要充分发挥学生的主体性，引导学生自我对问题的感知，获得切身的领悟，帮助学生养成遇事积极思考的习惯和能力。在我国如今的新课程背景下，我们要提供给学生时间、空间和资源上的自主选择权，让学校、家庭、社区、网络等都成为探索真理的肥沃土壤，让学生理解并认同生活中处处都有知识。

（二）陶行知生活教育理论中的生活化教学理念

陶行知先生是20世纪初期我国伟大的爱国主义战士、人民教育家，他提出了"生活教育"的思想理论体系。教育来源于生活，更要服务于生活；教育的范围不能局限在校内，而应涵盖学校、家庭、社会，教育是大众的教育，要拆除隔绝学校与社会的高墙。生活教育理论的实施途径即"教的法子依据学的法子；学的法子依据做的法子，教和学都以'做'为中心"。陶行知批判了传统精英式的教师观，反对教育脱离现实，脱离生产实践，反对照本宣科，认为教师不仅要掌握现代精神文明知识，还应该是社会中改造者和实践者的角色担当。他认为，教师要转变课堂中耳提面命、授业解惑的讲授者的角色定位，引导开创新的教学方式，解放学生的头、手、嘴以及时间、空间，以一颗热忱的赤子之心和学生站在同一阵线，引导学生在活动中找寻问题，解决困惑。

三、中学生物学生活化教学的原则

（一）主体性原则

学生是课堂的主体，课堂教学要牢牢把握的是，教育要救活人的个性，为个人和谐的发展、全面的进步、彻底的解放、潜能的激活、创造力的激发打下坚实而有效的基础，使每个人接受良好而无害的教育。在新课改之前，课堂完全由教师来主导，学生的主体地位被忽视。教育要救活人的个性，真正实现学生的主体地位，这就要求教师改变教学模式。在生物学课堂上教师要尽量提问与学生已有生活经验有关的问题，去激发学生的内在动力，同时应该尽可能考虑到学生在层次上的差异，满足学生的不同需求。

（二）生活性原则

对于学生而言，课堂教学是学校生活的最基本构成，是学生人生中一段重要的生命经历，它的质量直接影响学生当下以及今后多方面的发展和成长。学生的学习过程是自主经历的，学生的情感态度和价值观也是自主形成的，这些都离不开他们的生活。这就要求教师准确把握开展生活化教学的度，首先，教师应当了解学生的已有学习经验和生活的环境；其次，结合教材内容有重点地选取教学的素材，实现教学内容生活化；最后，确定合理的教学内容后，生动地展示课堂内容。

（三）开放性原则

中学生物所涉及的教学内容与生活联系密切，教师对教学内容的选取应该突破教材内容的限制。例如，在新课的导入上，不一定按照教材给出的导入方式，可以结合最新生活热点问题导入新课。教师对教学方式的安排同样可以打破原有方式，不只教师要搜集材料，还可以安排学生利用网络、报纸等途径收集相关资料，让学生参与到教学活动中，使教学活动从课堂延伸到家庭、社会，教学时间从课内延伸到课外和校外。

（四）科学性原则

生物科学是一门非常严谨的学科，这就要求教学内容的选择、教学问题的设计和教学情境的安排都有科学的合理性。生物学教学既要尊重学生的生活经验，更要尊重生物学的科学性。

（五）可持续发展原则

中学生物学生活化教学要重视学生的可持续发展，从为学生终身发展的角度，合理选取生活化的内容，在课堂上给学生充分的人文关怀，想一切办法尽一切可能地激发学生的好奇心，保持其稳定的学习兴趣，为学生可持续发展负责，为其终身发展负责，让学生更好地认识生物，学好生物，培养能力，发展智力，促进整体素质发展。

第二节　中学生物学生活化教学的误区及反思

一、不恰当使用多媒体教学

现代教育技术日新月异，多媒体和网络教育技术向传统的教学模式发起了挑战，多媒体教学也在生物学课堂中占据了重要之地，它能够将文字、图像、声音、动画、视频等同时呈现在课堂中，同一时间给学生一系列的感官刺激。这是多媒体教学主要的优越性，在一定程度上能够激发学生的好奇心，提升探究热情，改善课堂中的沉闷气氛。运用现代教育技术进行教学能将生活中的社会热点、情境、图片等信息带进课堂，体现了生活化教学的理念，但部分教师由于对现代教育技术的掌握程度不够，加之对生活化教学理念的认识不够到位，导致运用多媒体进行生活化教学时陷入一些误区。

教学课件的制作在"精"不在"亮"。教师在制作课件时，背景简单即可，或者加上一点与课题内容相关的点缀；少用或者不用与课程关联不大的生活图片。图片、声音、动画、视频等的主要作用是提供生动逼真的素材，过多使用则会影响学生注意力的集中，多媒体课件的作用在于辅助教学活动的开展，切不可本末倒置，让它在课堂中"唱主角"。教师给学生提供科学史料，让他们了解科学发生发展的历程，对于丰富学生的情感，培养学生的社会责任感，实现情感态度与价值观的教学目标是很有必要的。学习时间宝贵，采用诸如观看科学史纪录片这类教学手段时，教师要做到合理取舍，争取把最有价值、最能激起学生情感共鸣的部分拿出来与学生分享，让科学的巨大力量引领学生在科学探索的道路上前进。

二、课堂上随意发挥的生活化教学

实施生活化教学的过程中，讲授教材知识内容时适时联系生活实例、社会热点，或者适当运用生动灵活的语言就能使生物学课堂妙趣横生、熠熠生辉，学生也能学得愉快。但是，一些教师对生活化教学的把握不当，随意将日常琐事引入课堂，或者没有特别注意规范学生使用生物学专业术语，或随意使用日常习语，也没有及时对一些"口误"加以纠正。

教师在进行生活化教学时，要注意在联系生活实际时务必紧扣课堂教学内容，切忌思维过于跳跃，突然从教学内容跳进周遭的生活热点之中，有时候不加注意和控制，横加发挥，直接把课堂变成了讨论社会生活、宣泄个人情感的故事会现场。再者，教师应当注意提升自身的专业修养，不断学习，教学中要注意表达科学知识、专业术语的科学性、完整性、严谨性；引经据典时要仔细推敲，斟酌引用是否科学合理，必要时进行一些补充说明，避免误导学生。

三、形式上的生活化教学

秉承生活化教学的理念，很多教师采用生活实例导入、多媒体导入等方法，意在"先声夺人"，在课堂之初奠定好的基调，抓住学生的心思。同样，在生物学课堂中进行合作探究学习也是非常适合学生的生活化教学手段，学生通过身心参与、亲身体验，获取学科知识。但在具体实施过程中，有些教师为了导入而导入，生搬硬套，导入内容甚至偏离教学主题；组织探究合作学习时，学生的参与程度不高，团队协作的体验更是不够。这些实践中的误区使生活化教学成为嘴上说说、随便做做等流于形式的噱头。

第三节 中学生物学生活化教学的实施策略

一、精选生活化课程资源，创设生活情境

新课改理念下，课堂的情境创设对于教学的有效性至关重要，恰当的教学情境、学习情境有助于提高学生情绪，活跃课堂氛围。

教师在教学时，可以充分利用教材中生活化的内容资源，辅以多种途径发掘的课程资源，创设生活化的学习情境，在学生的头脑中建立起已有经验与课堂内容的联系。

二、建构学科知识与社会生活的联系，巩固知识

在新课程改革的大背景下，人教版中学生物学教材在正文中或者正文后增加了"与生活的联系""与社会的联系""科学·技术·社会"等小栏目，栏目的内容全都来自社会现实生活，与人类自身息息相关。这几个栏目的设置主要有以下两方面作用：一方面，教师可以利用"与生活的联系""与社会的联系""科学·技术·社会"中的内容，在课上巩固学过的知识，引导学生用学过的知识来思考栏目中的内容，明白哪些知识可以解释这些生活现象和社会事件，是"温故"又"知新"的一条好的途径；另一方面，"与社会的联系"栏目中大多呈现的是社会生产中需要解决的实际问题，因此这个板块能够帮助学生在认知中建构起生物学知识与社会生活的联系，让生物学课堂富有生活意义，也就是把书上的"死"知识读"活"了。

三、重视实验教学，带给学生生活体验

科技成果的发明和更新都需要通过实验来观察、理解、分析、验证。很多学生反映生物学难学、难理解，其中一个重要的原因是实验做得少。生物学课程的实验探究，不但能帮助学生理解记忆书本知识，还有助于培养学生的问题意识、动手能力、勤于探究和钻研的科学精神。

四、布置生活化的作业

荀子云："知之而不行，虽敦必困。"能否学以致用，是检验学生学习状态和成效的最佳方式。学了生物学就要能应用，教师布置作业，不能仅仅局限于布置几道习题、发几张试卷，为了做题而做题，为了分数而做题。人教版中学生物教材中编写了许多生活化的作业，如模型建构、课外制作、资料搜集与分析、调查作业、课外实践等，这些栏目的设置恰好为教师布置生活化作业提供了素材。

五、关注"与生物学有关的职业"，为学生的职业选择提供参考

学习生物学就是要将它应用到人类社会生活中，为社会的发展助力。农业生产需要它，医药保健行业中有它的身影，环境保护需要它，现代生物科技产业离不开它……许多行业都需要生物科学领域的人才。中学时代，正是学生树立职业理想的关键时期，高考志愿的填报，意味着基本选择了未来的职业方向。教材中"与生物学有关的职业"栏目的设置是中学生了解现代职业领域和职业特点的一条新的渠道，能够引导学生了解与生物科学有关的现代行业领域，为学生的职业选择提供参考，帮助其探寻、确立职业理想。在课堂上，教师不妨结合教材和资料，花一些时间引导学生关注这些职业，提醒学生课后可以通过其他途径做更深入的了解，尽早确立职业理想。若学生对某种职业产生兴趣，并确立为自己的职业志愿，那么在今后的学习过程中，这必定会转化为学生内部的远景性动机，激发他严格要求自己，努力提升自我。

　　总之，生活化教学是中学生物学教学的一种重要方式，作为中学生物学教师，应该重视学生已有的生活经验和体验，并将其应用在教学当中，更要关注新知识技能在生活中的应用。同时，教师要重视学生的内心世界和情感需求，注重把生物知识与学生的个人生活联系起来，使学生在情感上接纳并欣赏生物学课堂。

第四节 核心素养下中学生物学生活化教学案例及实践

一、生活化教学构建依据

（一）中学生物学生活化教学存在的不足

教师在实施生活化教学中存在许多问题，学校中生物学课时紧张，教师没有时间开展讲解知识点以外的活动。由于时间限制，课堂上很难开展将知识与生活联系起来的有关讨论、辩论赛，以及动手实践等活动。由于教师对生活化课程资源开发不足、生活素材积累少、对教材挖掘不充分等，导致不能高效地将生活化资源传递给学生。教师自身没有很好地学习生活化教学理论，研究不充分，生物学核心素养学习也不够深入，没有透彻地钻研。教师肤浅的认知可能导致学生对生活化教学有误解，认为只要是生活的东西生搬硬套到课堂中就是生活化教学，从而造成生活化教学浮于表面，只注重形式，只是为了活跃课堂气氛，没能发展学生的生物学核心素养，也没能将所学知识回归到生活中，解决实践的问题。这些不足是构建策略的主要依据，要解决存在的问题，真正在生活化教学中落实核心素养，需要从教师、学生双方着手构建有效的策略。

（二）生物学特点

生物学是一门自然科学，有其自身的逻辑规律。它主要研究生命现象和生命活动的规律，它研究对象的一个最大特点是具有生命。这些对象大多围绕在我们的生活中，所以生物学对学生并不陌生和抽象。

生命性。生物学研究是以生命为核心展开的。利用生活化教学可以把生命性体现出来，生物学知识是动态的、有生命力的。

实践性。人们日常生活中体现生物学的地方有很多。农学与医学是生物学最重要的研究领域，如体外受精（试管婴儿）为千家万户带来了欢乐，造血干细胞分化潜能的研究推动了白血病治疗技术的发展，利用DNA重组技术生产人胰岛素、生长激素和干扰素等降低了药物的价格，使更多病人受益。不仅如此，生物学的实践性还可帮助人们认识当今我们所面临的环境问题，使我们生活的家园可持续发展。

发展性。生物学是一个不断向前发展的学科，许多生物理论是不断进步更新的，新的发现会提出新的假说，并进行验证。生物在不断进化、适应新的环境，人们的生活也是不断地变化。利用生活化教学可以很好地体现生物学的发展性。

生物学是一门与现实生活紧密联系的科学，小到生物的组成单位——细胞，其可以与我们生活的社区相类比，大到个体，我们日常接触观察的动物植物都是生物。生物学不像数学、物理那样抽象，只要我们留心观察，生活中处处可以体现生物学的知识，这是其他学科无法比拟的，是生物学开展生活化教学特有的优势。

（三）生物学生活化教学的目标

生物学的教学目标是学生完成规定的学习任务后，掌握相应的生物学知识，具备一定的动手合作能力，进而能够利用学习内容解决实际问题，在学习中发展学生的生物学核心素养。这个目标可以细化成一个个小目标来实现，如利用学生周边的生物学现象解释生物学原理、概念，从而促进学生形成结构与功能观、物质与能量观等，完成对生命观念的培养；在生物学教学中，鼓励学生多观察思考，并尝试使用批判性和创新性科学方法来锻炼自己的思维，从而达成科学思维的培养。教师利用生活情境激发学生探究热情，鼓励学生多观察提问、动手实践，达成科学探究的培养；在教学中对学生进行德育教育，适当与时事热点、生活经验相关联，从而引导学生建立正确的人生观、世界观、价值观，为社会发展承担起一份力所能及的责任。

总体来说，生物学生活化教学的目标就是在完成基本生物学概念、原理知识的学习后，进一步提高学生动手实践能力，将所学知识回报社会，从而实现知识从生活中来最终应用到社会中去的目标。

二、生活化教学策略

学生是学习的主人，在构建教学策略时最应该考虑这些策略是否符合学生的身心发展规律，是否能够满足学生需要，是否能够发挥学生的主观能动性，调动学生学习的热情。在生活化教学中要完成核心素养的培养，就要从生命观念、科学思维、科学探究和社会责任四个方面考虑，并在策略中体现核心素养和生活化教学的联系。

（一）加强教师专业素养，提高教学效果

一堂课顺利开展需要教师有效地安排和实施，教师在课堂中起着主导者的作用，因此要提高教师的专业能力。教师要上好一堂课，具有广博的专业知识是基础。生物学教师要有过硬的生物学知识，如植物学、动物学、微生物学、分子生物学等，有渊博的本体性知识，学生会对老师产生崇拜之情。教师在职前进行教育实习，可以帮助教师从容不迫地应对教学突发情况。一般文化知识最能体现教师日常积累知识的丰富程度，而且一般文化知识能够激发学生的学习兴趣，如教师可以利用诗句"竹外桃花三两枝，春江水暖鸭先知""人间四月芳菲尽，山寺桃花始盛开"讲解温度对生物的影响。这样讲解不仅可以提高教师和学生的文学素养，而文学创作又来自生活，这样还可以把生物学和生活联系起来。在浩瀚如烟的知识海洋中，学无止境，教师应不断地学习，充实自己的知识库，虚心向他人请教，与他人合作共同进步，来提高自己的专业知识。教师专业能力得到提高，就能更好地实施教学，提高教学效果。

学生知识的掌握情况与教师教学能力有一定的联系，所以教师的教学能力要不断提高。如在讨论"转基因技术"给人们带来便利的同时隐藏着潜在的危害时，教师可以组织辩论赛，让意见相左的同学积极讨论。当前，新颁布的课程标准中，实验课时增加，更加关注学生实验能力的培养。教师进行实验课时应以保护学生为首要任务，充分做好实验前准备、实验中指导及实验后总结，这对教师的实验能力提出更高水平的要求。教师在日常教学中要通过多种途径提高自己的专业能力，例如虚心向优秀的教师请教，观摩他们的优质课，利用多媒体教室进行微课训练，为解决实际教学问题开展行动研究，从实践中找出

问题进行反思，与同事一起交流讨论找到问题根源，不断探索和改进自己的教学进而提升自我。教师的专业知识、能力和情操不断提高，有利于培养学生的生物学核心素养。

（二）以生活经验为知识背景，培养生命观念

生物学的知识是科学的，是可以推敲和检验的。一个新发现要经历观察新的现象、提出多种假设、设计实验、方案实施和对结果进行检验等过程。简而言之，生物学的发展就是不断探究自然生命现象的过程。生活中到处都是自然现象，所以到处都有生物学知识。生命观念是对生物学有关的概念、原理和规律的阐述，比较抽象，但它来源于生物学现象，来源于生活，所以说生命观念的养成与生活密不可分。

将抽象的生物学概念与日常经验相联系，可使学生对知识有较好的理解，逐步培养生命观念的意识。

（三）开展实验教学，锻炼科学思维

实验必须在一定的理论基础上尊重一定的事实依据才能够开展，实验具有操作性、直观性和形象性，能够激发学生的学习动机。高中生好奇心强，有一定的知识储备和动手能力。教学中开展实验课，学生要尊重事实和证据，认识事物的本质，提高解决问题的能力，从而培养科学思维。

生物学中很多实验的开展与生活有关，在进行实验教学时，我们要从学生自身经验和认知出发，积极利用生活中学生熟悉的实物作为实验材料，这样学生做实验的兴趣就会提高，在生活化的实验中学生相应的理性思维和动手能力得到发展。

生活中许多的素材可以进行生物学实验，学生对这部分实验材料比较熟悉，运用比较方便和顺手，便于对知识有更好的理解。

（四）注重生活实践，提高探究能力

我们生活的环境中每时每刻都有生命现象和生命活动不断改变和发生。学生要有发现生活中生物学问题的意识，并且要对发现的问题提出质疑和假说、设计方案、实施方案并对方案的结果进行交流。学生只有亲近自然，在生活中多进行实践探究活动，发现生物学问题的概率才会大。在实践探究中学生获得的知识和能力是非常有意义的。

在学习蓝藻这个知识点时，生活在河边或者海边的同学可能见过水华或者赤潮现象。在保证安全的情况下这些同学可以分成小组，搜集造成水华或者赤潮的生物，进行辨别分析，并将结果展示给班里同学，和同学们一起交流。

（五）结合社会热点，培养责任意识

最新的社会热点、与学生息息相关的新闻报道等往往能够引起学生的关注并产生情感上的共鸣，进而能够在课堂上潜移默化地渗透品德教育，培养学生的社会责任。

教学中，教师应积极地将教科书中的理论知识与社会生活联系起来，潜移默化地培养学生的使命感和责任意识，使之成为一个合格的公民。教学与最新的科研相联系既可以开阔学生的知识面，也可以培养学生多关注人类生活问题、树立责任担当、为社会谋福音的意识。例如，结合暴雨导致泥石流、滑坡现象，向学生讲解生态系统的稳定性。这样学生既学习了新知识又树立了保护环境的意识。学生是未来社会的建设者也是主人，他们只有落实好"绿水青山就是金山银山"的理念，未来生态环境才会向好的方向发展。熬夜是常见的现象，日常生活中常常听到熬夜会带来各种危害，香港大学最新研究发现熬夜可能导致DNA的断裂，增加癌症风险。用当代社会普遍存在的现象导入"DNA分子的结构"，既抓住了学生的注意力，又可以教育学生推崇健康的生活方式。

教师在生活中应多关注与生物学有关的科学前沿，积累相关素材，学生也要自觉主动地关注社会热点，将知识运用到实际生活中，树立正确的人生观和价值观，不断地在日常生活学习中提升自己的社会责任感。

第六章

基于核心素养的中学生物学
翻转课堂教学实践

第一节　中学生物学翻转课堂教学的理论概述

一、相关概念界定

（一）翻转课堂

翻转课堂也称"反转课堂"，是对课堂教学形式的翻转，也是学生学习方式的翻转。学生在传统课堂中的学习形式通常可以概括为：学生在课堂中完成知识的接受，在课后进行知识的内化。翻转课堂将这两个过程进行了翻转，即学生的学习转变为在课后完成知识的接受，在课堂中进行知识的内化。

目前所开展的翻转课堂，主要是在信息技术的支持下，教师对教学资源进行设计与制作，为学生在课前进行自主学习提供条件；在课堂中设计一系列相应的教学活动，引导学生通过合作学习、讨论探究完成知识的内化。

（二）翻转课堂与传统课堂的比较

从师生地位和角色上看，传统的教学方式主要是以教师讲、学生听为主，学生学习的主动性低，学生与学生之间互相学习交流的机会少，学生在课堂上成为"倾听者"，教师主宰着课堂。传统教学模式下，学生就像一个等待填满知识的容器，不具有学习主动性和积极性。翻转课堂则把课堂还给学生，教师是引导者，学生是主讲者，每个学生根据自己的学习状态主动参与到学习中。

从课堂教学形式角度看，传统课堂课前没有预习或缺少有针对性的预习，课前学生对所学知识不了解，课堂上教师把所有的知识都讲解一遍，师生间的互动成为课堂教学的"零星点缀"，课后通过作业巩固知识。在翻转课堂教学模式下，学生课前通过对教学视频或其他教学资源的学习，对新知识有初步的了解，在课堂上再针对本节课的重难点与在课前练习过程中遇到的疑问与同学和教师共同探讨和交流，通过分组讨论再集中学习，教师引导学生针对各组提出的问题共同探讨，共同进步。

从课堂时间分配上看，传统课堂中约三分之二甚至更多的时间都是由教师支配的，教师决定着课堂利用率。在翻转课堂上，学生主导着上课时间，他们在课堂上有了更多的互动交流时间。

从课堂教学内容上看，传统课堂教学中，教师主要是传授新知识或是进行习题的讲解，教师才是课堂的主人。教师负责把要讲解的知识点讲清楚，不会过多地考虑学生到底接受了多少，教师主要负责完成一节课的教学进度，至于学生对知识的内化完全是学生在课后的事，是学生自己的事。翻转课堂则是师生共同合作，学生在课前完成知识的接受，在课堂中进行知识的内化，课后进行知识的深化。

从教学评价上看，传统课堂中通过纸质测验评价学生对知识的掌握程度，以纸质测验分数的高低作为评价的重要标准。翻转课堂强调学生的全面发展，强调培养学生的核心素养，采用多元评价方式，既有过程性评价，也有阶段性评价；既有合作学习中的学生自评和互评，也有小论文、单元的纸笔测试等。

（三）翻转课堂的特点及优势

翻转课堂通过知识传授与知识内化两个阶段的翻转，让学生在知识的学习过程中获得了更大的自由，也让教师在知识的传授过程中具有更多的灵感。翻转课堂的特点及其优势体现在以下三个方面。

1. 学生的个性化学习

在传统课堂教学中，教师的教学方法、知识的讲解过程难以满足每名学生的学习需求。另外，学生的注意力很难长时间集中于学习内容当中。翻转课堂中，学生可以依据自身的学习特点，合理安排每个知识点的学习时间，在学习内容简单的时候可以以较快的速度进行，在较难内容的学习中，可以重复多次学习。通过课堂教学活动的设计与开展，教师对学生进行个别化指导，促进学生知识的内化，满足学生的个性化学习需求。

2. 师生角色转变

翻转课堂教学中，教师充当知识学习的引导者。通过对教学内容的处理，教师录制相应的教学视频，提供相关的学习材料。知识的传授除当面讲授，还借助各种媒介向学生传递知识，体现教师作为学习的引导者的作用。

3. 高效的教与学

在现代信息技术的支持下，教与学实现了网络化与信息化，使学生获得的知识更加丰富多样，学生的学习时间与学习空间不再受到限制，知识学习的效率极大提升。在课堂知识内化过程中，教师有针对性的指导和学生的深入讨论让知识的内化效率提升。

二、翻转课堂建立的理论依据

（一）掌握学习理论

掌握学习理论是翻转课堂建立的重要理论基础，翻转课堂为学生学习提供足够的学习时间，学生可以根据自身情况掌控学习进度，同时翻转课堂还为学生提供反馈平台和个别矫正帮助。

（二）学习金字塔理论

翻转课堂是以学习金字塔理论为基础的。翻转课堂的课前活动是让学生自主观看教学视频，自主掌握学习进度，学习方式更加灵活；课堂活动主要采用探究和讨论等多种学习方式，解决学生遇到的问题，真正体现学生的主动学习过程，有利于提高学习效率。

第二节　中学生物学翻转课堂教学模式的构建

在翻转课堂中实现生物学学科核心素养的培养，并不是简单的一加一，而是深层次的融合。

一、翻转课堂三环节

（一）课前知识传递环节

在课前知识传递阶段，教师活动包括以下三个环节：一是设计、制作微视频，编制导学案，布置学习任务；二是监测学生学习情况，收集学生问题反馈；三是设计课堂活动，确定指导对象和指导内容。学生活动包括以下三个环节：一是明确学习任务，独自阅读学习材料和课本，观看教学微视频；二是完成导学案，找出并反馈未解决问题；三是小组讨论，互助解决问题，并提出新问题。微视频、导学案的设计与制作是教师活动的中心，也是翻转课堂教学效果的保证。教师将教学微视频、教学材料和学习任务等传输给学生，学生利用相关材料进行自主学习。

（二）课中知识内化环节

课中知识内化阶段，教师的活动包括组织学生讨论课前所提问题，对部分学生进行个别指导；开展课堂探究实验活动；关注学生完成当堂综合检测题的情况，并进行讲解。学生的活动为交流讨论教师所收集的问题，小组展示讨论结果，部分学生寻求教师指导；参与课堂活动；完成综合检测，总结学习内容。课中知识的内化建立在知识传递的基础上，教师在学生已经进行深入讨论的基础上，根据课前收集的问题，组织全班学生进行讨论交流，使学生对知识的理解更加全面透彻；同时，对于部分学习遇到一定困难的学生进行个别化指导。

（三）课后知识巩固与强化环节

课后知识巩固与强化阶段，教师的活动包括设计、制作补充教学微视频，编制补充教学材料和课后检测题；布置课后实践探究活动并指导学生完成。学生的活动是总结所学知识构建生命观念，并完成课后实践探究活动。课后知识巩固和强化环节是知识内化的延续，同时可以让教师在翻转课堂后，对部分内容进行补充，对部分活动进行拓展，让学生在知识学习的过程中，在相应能力、情感态度等方面有一定的提升。

二、课堂教学模式

（一）问题解决课堂教学模式

问题解决课堂教学模式能够使学生在课上有更多的时间、更多样的方式去思考、解决问题，掌握更多的学习方法，能够自主构建生物学的知识体系，用生物学的思维方式去分析问题、解决问题，将生物学知识与技能更好地应用到生产生活中。学生在课前的学习当中难免会遇到很多问题，将这些问题收集起来，按照难易程度的不同用不同的方式进行解决，这种模式能够很大程度上解决学生对本节内容的困惑，并且能培养他们发现问题、解决问题的能力。

（二）探究活动教学模式

生物学探究实践内容多，采用探究活动教学模式可以调动学生积极性，锻炼学生表达能力、思考能力与动手能力，并且激发学生的创新能力，使学生充满活力，使课堂更有意义。探究形式多种多样，如实验探究、搜集资料、制作模型等。

三、教学流程

（一）课前准备

1. 明确教学目标，制订教学计划

教材内容分析以及学情分析是教师备课的内容之一。教师要将与授课内容相关的本节、本章乃至模块的内容进行深入剖析，明确它在本模块、本章中的定位，做到对其总体要求与具体教学目标、教学重难点有准确的把握；再结

合学生的心理特点、前面内容的学习情况与新知识的接受度，将授课内容进行具体分析、细化，制订教学计划，确定教学目标如何实现，哪些内容略有难度适合学生在课前用视频自主学习，哪些地方学生可能容易出现问题，哪些比较难的问题学生可以通过探究学习进行解决，哪些内容比较灵活可以培养学生思维、创新能力等，确定教学计划之后，方可进行具体的实施。

2. 选择教学资源，学生自主学习

在翻转课堂教学模式中，学生课前用到的教学资源可以是微视频，也可以是导学案等。有些教师由于并不擅长制作视频，也可以精心挑选合适的视频或是制作导学案让学生学习。

视频的选择很重要，太过冗长无趣的视频，太过简单或者画质差、杂音重的视频，都容易使学生丧失学习的兴趣。因而选择视频时一定要注意，尽量选择能让学生集中注意力进行学习的视频；视频的时间一定不能太长，学生可能没有那么充足的时间进行观看、学习，视频太长容易让学生注意力不集中或者厌烦；视频内容难度适中，不能太简单，要让学生感觉到这些内容需要用心看、用心学才能掌握，这一点教师需要用心把握；视频不能太粗糙，模糊不清和声音嘈杂的视频难以引起学生学习的欲望。

导学案的制作也要综合考虑多种因素，学生的自学能力、相关知识掌握情况、学生时间的多少、难度把握、知识量控制等，都会影响课前学习的效果。学生的自学能力可以通过班主任以及任课老师进行了解，综合多次导学案的完成情况，也可以作为参考；相关知识掌握情况可以通过一些课前小测试来完成，但不能经常做，以免增加学生的任务量，引起学生的抵触心理；学生时间的多少通过询问学习委员他们的近期任务来了解；难度与知识量需要请教老教师来把握，学生的完成度也会反映一些情况。

选择好教学资源之后，在上课前几天，教师将其放到学生教室的电脑桌面上（导学案则分发给学生），吩咐班干部利用学生下午饭后、晚自习前的小段时间组织班里学生进行观看学习，并叮嘱他们，在生物课前，任何人在任何休息时间都可以打开视频进行反复学习，如果有哪里不明白，将问题记下来，上课时进行解决。在课前，学生便已对授课内容有了简单的认识，有些学习能力较强的学生可能已经基本掌握了这一节内容。课前对基础知识的掌握为课上问题的解决做了良好的铺垫。

（二）课堂教学过程

在课上教学过程中，教学可根据学生学习情况及内容，采用问题解决教学模式、探究活动教学模式或两者相结合的方式进行教学。

（三）课后检测

课后教师选择适当的练习题目，供学生检测本节内容掌握情况。在某些章节中，教师还可以布置一些开展小组探究活动的开放性任务，例如制作水生生态缸、利用家乡的农作物与动物设计一个立体农业模式、利用微生物特点制作食品等，这些题目在检测学生对知识的掌握与应用情况的同时，还可以进一步提升学生的动手能力、思考能力、应用能力与创新能力。

第三节　中学生物学翻转课堂教学资源的开发及课堂活动设计

一、微视频的制作

（一）微视频制作的原则

教学视频的质量直接决定翻转课堂的教学效果，根据翻转课堂与微视频的基本特点，结合中学生物学教学的一般特征，笔者认为微视频的设计需要遵循以下七个原则。

1. 趣味性原则

与课堂上的教学不同，学生对教学视频的观看一般在课下进行，这需要学生在自觉的情况下进行独立自主的学习。良好的趣味性是吸引学生关注学习内容的必要条件。个性化的教学视频往往比演播室里制作的视频效果要好。如果用PPT录屏形式来制作视频，注意不能让画面和声音停留太久，要让知识点一个一个地出来，而不是一下子铺满整个屏幕。

2. 简短化原则

微视频侧重于一个"微"字，因此呈现的内容及时间不宜多和长，这就要求呈现的界面内容必须精练，不需要过多的无关修饰，避免可能会分散学生注意力的因素。另外，微视频的设计要从有利于学生知识学习的角度出发，不能简单地将传统课堂上40或45分钟讲解的内容压缩成几个短视频。

3. 主题明确原则

主题明确是每个教学微视频都必须遵循的原则之一。教师要细化知识点，明确知识点的逻辑关系，针对重难点制作视频内容，视频内容要重在解决一个知识点或某一方面的内容。

4. 多样化原则

生物学内容广泛，有宏观的种群、群落、生态系统，也有微观的细胞、DNA、基因；有相对简单的细胞结构和生物大分子知识，也有复杂的细胞呼吸、光合作用等知识。如果只是选取单一的制作和设计方式，很难让不同的知识都获得最好的传递效果。如果录制的微视频只有声音，没有画面，或者有声音和画面，但只是简单机械地呈现出来，那教学效果都不会尽如人意。单调枯燥的教学微视频只会让学生失去学习的兴趣，影响知识的学习。

5. 引导性原则

翻转课堂教学要求学生在课下通过微视频自主性学习教学内容。因此，在设计微视频时，必须考虑视频的引导性。一方面是引导学生学习，让学生知道该如何去做，通过学习能达到什么样的效果；另一方面，在视频内容上要引导学生提出问题，引起思考，激发学生进一步学习的动机。所以，在录制翻转课堂教学视频过程中，不能把每个问题讲得过于详细，应留给学生思考的空间；也可在视频中设置问题，或埋下可以提出的问题点，或是在视频的结尾，给学生提出促进思考或复习的问题，不能让学生觉得看完视频就结束了。

6. 整体性原则

微视频容易造成知识点碎片化，这会给学习者理解知识的全貌造成障碍，因此，视频要引导学生明确知识点的逻辑关系，使知识点的碎片化与整体化相统一。此外，教学不仅要关注学生知识的掌握情况，还必须关注学生的身心发展。所以，微视频的设计和制作要体现学科的核心素养。

7. 评价性原则

根据行为主义的操作性强化理论，及时且适宜的评价能够强化学生的学习行为。学习动机认知理论中的自我效能感理论亦强调，积极肯定的评价能够给学生带来较高的自我效能感，使学生保持较强的学习动机。因此，每个教学视频之后，需要设计即时评价反馈内容，让学生在观看视频后，进行即时训练，以对学生的学习结果进行评价反馈，帮助学生明确学习目标，评价学习传递的效果，判断是否能进入下一个环节进行学习。

（二）中学生物学微视频制作模式

1. 分析学习内容

制作微视频时，对教学内容的分析是最主要的。因为微视频教学内容的选择需要建立在对教学内容之间的关系进行深入分析的基础之上。教学内容的分析分为以下两个阶段：第一阶段是对整体内容中的所有知识进行整合，找出其内在的逻辑关系，构建知识网络；第二阶段是对每个知识点进行具体分析，分析重难点知识的概念内涵、常用的讲解方法及所需时间。

2. 选择学习内容

由于微视频"微"的特点，教学内容必须简练且富有逻辑性。因此，教学内容的选择并不是随机的。教师应根据对教学内容的分析，通过已经建构的知识网络和知识清单，选取其中的知识点构成一个微视频的教学内容。在教学内容的选择中，教师可以根据学生的学习能力和已有的学习经验，给出适宜的知识内容搭配，满足学生的学习要求。

3. 确立学习目标

由于教学微视频简短的特点，学习目标的设置必须依据学生的水平，有针对性地从不同层次进行，各个维度的目标不宜过多。如可通过真实情境问题的设置，引导学生结合所学内容分析问题；可通过知识点内在逻辑联系的讲解，促进学生形成生命观念。

4. 设计学习过程

即根据学习内容中的内在逻辑，确定微视频中内容的学习顺序、学习方式、呈现方式和教学材料的选择等。

从教学讲解中参与人数的多少，教学微视频可分为单人参与、双人参与和多人参与三种类型。运用最为广泛、使用最为简单的是单人参与型。单人参与的教学微视频仅由教师单独完成，不管教师是否出现在视频画面中。其优点在于参与人数少，制作方式较为简单。缺点则是缺乏一定的互动，类似独角戏。

双人参与的模式又可以分为教师与教师和教师与学生这两种类型，其中，教师与教师参与的这种制作模式，可以通过两位教师交流讨论的形式展开知识点的讲解。其优点在于能够把教学内容讲解得更加全面深入。而教师与学生的交流互动通常是以教学辅导的形式进行的。

多人模式一般以教师指导学习小组的自主学习的形式展开，引导学习小组进行开放性讨论。优点是学习小组中参与的学生多，能满足不同学生的学习要求。缺点在于条件限制较多，制作难度较大。

5. 设计结果检测

翻转课堂通过学生的自主学习完成知识传递，知识的内化在课堂上进行。常用的知识内化方式是通过一定的练习训练，因此需要编制具有针对性的检测题，利用检测题来帮助学生进行知识的内化，甚至评估学生自主学习的效果。检测题分为两种类型，即反馈检测和内化检测。

反馈检测题用于学生观看教学微视频后对学习结果进行即时检测。学生通过即时检测，对知识进行巩固，记录下自己学习中遇到的困难和需要解决的问题，并评判是否可以进入下一阶段的学习。

6. 选择制作工具

制作微视频时，要根据教学过程设计来选择不同的制作工具。相对比较简单、可以直接录制的常用视频录制工具有手机、DV等，还可以直接利用屏幕录制软件。针对讲解方式展开的教学微视频内容，可以将教学内容制作为教学课件，然后利用屏幕录制软件，将教学课件录制为教学讲解微视频。如果教学内容以操作类为主，则可以选用视频录制工具，将整个操作过程进行录制。

（三）常见微视频的制作方法

1. 课件录屏法微视频制作

各大微课程网上的微课视频，绝大部分采用课件录屏法来制作。将此方法进行总结，常用的有两种类型：直接利用课件的录制功能录制带有音频的课件和借助录屏软件将课件播放过程结合制作者语音讲解进行录制。

2. 交互式电子白板录制微视频

在信息技术的快速发展下，国内外出现了很多能够直接进行教学过程微视频录制的软件，国内开发使用的有掌上课堂、有渔翻转课堂等。这些软件的功能是制作者可以直接在上面进行书写讲解，亦可以将提前准备好的教学材料以文字或图片的形式插入制作界面。

3. 录像法

直接录像的方式是指利用录像工具，将教师讲解的过程直接录制下来。其中，按照教师是否出现在视频中可以分为有教师出现的和无教师出现的两种。

有教师出现的微视频制作方法最为简单，教师在以黑板为背景的条件下，如正常课堂上讲授的方式，将其录制为视频。对于中学生物学中的实验教学部分，还可以将整个实验操作录制下来，作为教学微视频。

无教师出现的微视频中，教师首先将录制工具固定在一定高度，教师利用桌子为背景，根据提前准备好的教学材料（图片、文字）进行讲解或者教师通过绘画的形式讲解教学内容，并将过程录制下来。

4. 网络中已有的微视频的利用

随着微课的迅速发展，微课网中已有大量的微视频。同时，网络中还有非常多的科教视频和纪录片。与中学生物学教学相关的视频，可通过总结分类：国内中学生物学微课视频、国外中学生物学讲解视频、生物学相关纪录片等。

二、翻转课堂教学模式课堂活动设计

（一）讨论交流

讨论交流的形式可以是全班自由讨论，也可以是小组内讨论。讨论的内容和问题由教师根据课前收集的问题进行设计，也可以由学生独自提出。翻转课堂中常用的讨论活动是小组讨论模式和问题接龙模式。

问题接龙模式包含个人提问和教师提问，针对个人所提问题，教师对其进行评估，评判是否适合在本节课堂中进行讨论，班上其他学生进行问题解答，相互补充。两种模式都是针对学生对学习内容产生的问题，在问题的讨论和解答过程中，进一步促进知识的传递。问题的讨论和辨析过程，还能促进知识的内化。问题讨论环节的核心在于教师对所讨论问题的收集和设计，只有针对性强、符合学生的学习特点的问题才能促进学生进行知识内化。

（二）测验评估

测验的开展除了用传统的纸笔测验，还可以游戏活动的形式，增添测验的趣味性，避免学生对测验习题的排斥，增强知识内化的效果。适宜在中学生物学课堂上开展的测验类游戏活动包括知识抢答或知识竞猜类型、小组比赛"你画我猜"或"你演我猜"的类型。其中，知识竞猜或知识抢答类型即将纸笔测验中的内容，通过知识竞猜抢答的形式呈现，提升学生完成测验的兴趣，而

"你画我猜"或"你演我猜"的类型则是学生通过同伴对知识进行非语言性的描述进行猜测，这有利于学生对知识概念内涵的深入理解。

（三）归纳总结

知识传递与知识内化都是针对碎片化的知识开展的，而中学生物学中严密的知识体系不是学生通过教学微视频的观看和课堂活动的参与就能建立的。因此，在完成知识内化后，学生需要对知识进行全面的总结归纳，其中包含教学微视频中的知识和课堂问题讨论与测验评估中的知识。教师给学生提供知识归纳总结的一般方法、概念图法或系统分类法。

翻转课堂有助于培养学生自主建构、协作探究、自主学习等多方面的能力，符合新课程改革提出的目标，是新课程改革下大力提倡的教学方式。作为教师，要及时更新观念，借助现代化的教学手段，实现课堂的有效翻转。

第四节　翻转课堂下中学生物学核心素养的教学实践

下面以高中生物必修1实验《绿叶中色素的提取与分离》为例从九个方面看翻转课堂。

一、教学思路设计

结合学生实际情况，设计"任务驱动、设疑自探、解疑合探、质疑再探、运用拓展"等环节，课前引导学生观看实验教学视频，熟悉教学目的要求、实验原理、材料用具和方法步骤。并通过导学课件或清单引导学生以小组为单位自主选择实验材料、试剂，设计小组的实验方案进行实验，鼓励学生动手探究，大胆质疑，小组探讨，课堂上组织学生讨论实验中可改进或创新的地方，然后再实验。教师在参与学生探究过程的同时，分享学生的收获，达到教学相长的目的。

二、教学分析

（一）实验内容分析

各种绿色的叶子，学生早已见惯，那么绿叶中含有哪些色素？这些色素都是绿色的吗？如何把绿叶中的色素提取和分离？本实验可以帮助学生建立结构与功能观，帮助学生理解光合作用，培养学生的科学思维和科学探究能力。

（二）学情分析

学生在初中学习过光合作用的基础知识，知道绿色植物可以把光能转化为化学能储存在有机物中。以学定教的翻转课堂可以深挖师生的短板区，如对实验原理的理解、不同色素的含量差异比较、如何画好滤液细线、实验可改进或创新的地方；在学生已经做过生物组织中糖类、脂肪和蛋白质的鉴定，植物细胞的质壁分离和复原等实验的基础上，如何适宜地引导，增大实验成功的概率；课前教师需要录制怎样的微课以切合不同班级学生的需求；实验课上适宜使用UMU平台，还是三目显微镜或工业摄像头连接投屏，抑或利用微信平台，让生生间、师生间实时交流，实现共赏和共享。

三、教学目标

（1）通过自主操作实验以及和小组内、小组间同学的实验操作技能的交流分享，学会提取和分离绿叶中色素的方法，理解纸层析法的原理，提高实验操作技能。

（2）借助信息平台，通过对实验结果的分析，理解各药剂在实验中的作用和对实验结果的影响，探索叶绿体中有几种色素，辨析色素的种类及颜色。

（3）改进实验，创新探究几种不同绿叶中含有的色素，比较绿叶和黄叶中色素的异同，培养质疑、求实、创新及勇于实践的科学精神和科学态度。

四、实验器材设计

常规器材：幼嫩、鲜绿的菠菜叶，剪刀、天平、研钵、药勺、量筒、玻璃漏斗、尼龙布、脱脂棉、试管、棉塞、试管架、干燥的定性滤纸条、铅笔、直尺、盖玻片、无水乙醇、层析液、二氧化硅、碳酸钙。

增加器材：智能手机或平板，电脑，三目显微镜或工业摄像头，番薯叶、通菜叶、绿萝等材料，多种画滤液细线的工具，学生为创新实验自主准备的其他器材。

五、教学重难点

教学重点：色素的提取和分离原理、方法；实验的改进与创新。

教学难点：滤液细线的画法。

六、学习方法建议

（1）根据学习目标和考纲对实验的要求，全班同学课前利用微信和猿题库学习已推送的实验视频、任务清单和自测，结合教辅梳理知识，小组长课前完成检查工作并上报检查情况。

（2）结合智能手机发送的任务清单，认真研读教材，运用已学的知识分析问题，以小组为单位合作交流，自主选择实验材料、试剂、并设计本小组的实验方案，与老师和同学分享。鼓励对实验进行改进与创新，并提出你的设计思路。

（3）课前写下你的疑惑，课后及时整理学习任务清单进行纠错反思，并构建自己的思维导图。

七、教学手段和媒体设计

教科书、智能手机、网络多媒体教学环境（希沃授课助手、猿题库、UMU平台、雨课堂、微信等）。

八、教学内容设计

关注学生的学。以智能手机或平板和学习任务清单为依托，以教师为主导，以学生为主体，实现学生自主学习、合作交流。教师用心编写制作指导学生自主学习的课前导学课件或学习任务清单，课前通过雨课堂、UMU或微信等APP发送给学生，学生在任务驱动下，明确学习目标，知道本节课要探索的内容及主攻方向，在预习过程中实现基础知识的消化与疑难问题的交流，学生在课堂上运用智能手机等先进技术即能有的放矢地对知识进行内化升华。课中进行知识的内化，分享展示、解疑释难、评价反思；课后拓展延伸。实验中学生实验过程的图片、视频以及实时交流随时出现在微信交流群，或通过希沃授课助手、雨课堂、UMU等手段投屏交流，实现生生互动、师生互动。

九、教学流程设计

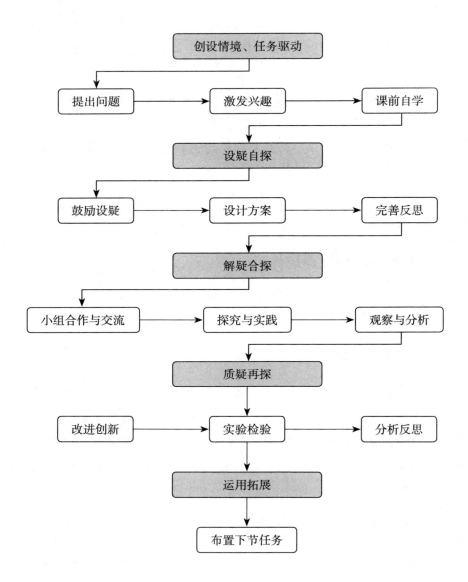

本节课基于建构主义理论进行改进，突破了实验本身的局限性，提高了实验效率。手机拍摄记录改变了实验记录的方式，是本实验的一大亮点。拍摄的图片和视频不一定高清，但人手一台手机，使用方便，随用随拍，第一时间记录真实实验现象，更科学、严谨；有利于保持资料，为研究提供证据，有利于重复研究；打破了时空界限，实现众人共赏。在实实在在的探究、改进与创新过程中，师生生成许多值得探究的问题，如制备好的滤纸条上的色素很容易分解消失，有什么有效的方法可以减缓其分解速度，能否设计一款中学教材实验游戏，帮助学生掌握实验的同时能引导学生改进实验，进行实验的创新和拓展等。

第七章

基于核心素养的中学生物学习题
教学实践

第一节　基于学科核心素养的中学生物习题的特点

一、以发展学生核心素养为宗旨

在全面贯彻党的教育方针，落实立德树人的根本任务，发展素质教育的时代呼唤中，中学生物课程标准将培养学生的生物学核心素养作为生物学课程的宗旨，这是中国学生发展核心素养教育的具体化和实施路径。习题是课程内容教学的延伸，是促进学生认知结构和行为方式发展教学中的一个重要的环节，和课文主体部分的教学是一体的，承担着发展学生生物学核心素养的重要职责。

二、素材的选择指向原始生活问题

原始问题的表现形式是用文字对科学现象进行的描述，而传统的生物学习题大多是从实际问题中经过简化、抽象等加工并在习题设计者设定的情境、条件和范围内呈现的一种模型化的生物学问题。传统的习题注重知识的巩固和方法体系的形成，但模式化的解题程序制约了学生创造能力的培养以及实践能力的形成。原始问题的教学将学生引入真实的生活场景，在丰富的生活体验中，感悟科学的价值、培养科学的思维和掌握科学的方法。基于学科核心素养的习题必然要以原始问题为素材背景，才能真正将生物学学习与生活联系起来，实实在在地提高学生应对现实问题的能力。

三、习题内容指向生物学核心概念

　　课程专家埃里克森指出：提高学业标准更多的是要求思维能力的提升，而不是掌握更多的事实内容，教学内容应该围绕各学科的核心概念进行选择。核心概念在学科中处于核心位置，具有引领学科基础知识的能力，能将大量的生物学事实和概念组织起来，包含了重要概念、原理、理论等的基本理解和解释，是学科结构的主干部分。教师围绕核心概念的教学能将复杂的生物学事实组织起来，摆脱零散的架构，使课堂组织更加有条理，课堂设计思路更加清晰，实施效果更加明显，帮助学生在面对生活实际问题时，更能抓住问题本质，提高解决问题的能力。

　　习题作为课程内容的延伸，指导思想也应与课程内容的核心保持一致。习题内容的选择与组织也要以生物学核心概念的建构、巩固与应用，加强学生对核心概念的理解为目标。

四、问题的设置以培养学生解决实际问题能力为目标

　　生物学习题是检测和巩固学生核心素养的载体，习题设计要以提高学生实际问题的解决能力为目标。

　　为达成培养学生问题解决能力的目标，习题设计应高度关注"实践性"，倡导变被动为主动的学习方式，体现新课程的理念。教师可以设置跨学科问题，融入不同学科的思想方法，设置开放性的问题来综合提高学生解决问题的能力；可以融入以科学素养、技术素养、工程素养与数学素养为背景的问题，以整合的方式促进学生对知识的掌握和技能的学习，并能灵活迁移应用以解决真实世界的问题。

五、题型的设计灵活多样

　　基于学科核心素养的习题设计要求题型多样化。不同类型的习题组织形式不同，对知识的考查侧重点不同。多样化的习题设计，能综合各种类型习题的优势，改变学习的方式，引发学生主动思考与实践，从而全面提升学生能力。

例如美国教材中的群组式选择题，在几道选择题之前会提供一些文字信息、数据或图表等内容供学生阅读与思考，不仅培养了学生获取信息的能力，还提高了学生对知识的理解和应用水平；复习术语题，着重考查学生对生物学概念、生物学重要过程的理解，比传统的填空题更加灵活。

第二节　基于学科核心素养的中学生物习题设计原则

依据中学生物课程标准中四个核心素养的内涵、学业质量水平以及习题设计过程中的一般原则，笔者提出了设计基于学科核心素养的习题应该遵循的原则：目的性原则、科学性原则、新颖性原则、典型性原则和主体性原则。

一、目的性原则

布鲁纳曾说："有效的教学，始于期望达到的目标。"任何教学活动都要体现一定的目的性，习题的设计也要遵循目的性原则。习题的设计要着眼于基本知识、技能以及学生核心素养的发展，体现新课标中对学生学业水平的要求。教师在习题设计时要围绕核心概念的形成与巩固和学生核心素养的发展特点，避免围绕课文细节进行咬文嚼字的分析、识记考查，以充分利用习题的价值，体现学习方式的转变和学生关键能力的发展。

二、科学性原则

基于学科核心素养的习题设计必须体现科学性原则，具体体现在题干中素材的选择、问题的设计与答案的编制等方面。素材的背景应该是真实的，在现实生活中能找到问题的原型，而不是随意构想的情境；情境中的数据、图表等客观可靠，有具体真实的数据来源，前后的数据处理能还原科学研究的真实过程；素材中设计的生物学知识与课文中学习的新内容一一对应，内容正确并具有严密的逻辑性。问题的设置要符合学生的认知发展规律，不能过于抽象或过于直白，要在学生的最近发展区设置合理的问题；问题的设置要具有一定的层次性，全面体现课标中对学生学业水平的要求；问题解决的方法要具有可操作性，不能与现实生活中的规律相违背。

三、新颖性原则

习题设计的新颖性不仅可以体现在素材的选择上，还可以体现在题型设计的灵活性以及学习方式的多样性上。素材要选择具有时代气息、紧密联系当下社会生活的热点问题。新颖的习题不仅给学生耳目一新的感觉，极大地激发学生的学习兴趣，拓展学生的知识面，引导学生更多地关注社会、生活和科技的发展，还可以有效地训练学生知识的迁移能力，感受知识学以致用的价值，提升学习的自豪感。

四、典型性原则

课标强调课程内容要聚焦大概念，追求"少而精"，避免过多纠缠于"难、繁、偏、旧"的内容，要把主要精力放在培养核心能力与品质上。在设计习题前，要充分考虑解题所需的能力水平与课标中学业水平的要求是否相匹配，是否能有效突破教学中的重难点，是否有利于学生实践能力的培养。此外，要注重习题设计的"质"与"量"，反对"题海战术"将学生大量的精力与时间耗费在非重点或同类习题的反复训练上，使学生学习过程缺乏深度思考与探索的思维时间与空间，导致习题练习的质量低下。

五、主体性原则

在习题设计前，教师要客观全面地分析学情，了解学生的知识结构、经验习惯、能力特点等，并以此作为习题设计的起点，在学生能达到的能力范围内设置问题，通过自主、合作、探究的学习方式，全面提高学生的学习能力，促进核心素养的发展。

第三节　基于学科核心素养的中学生物习题设计的质量评价

基于学科核心素养设计的习题，要根据一定的标准进行评价，使设计的习题更科学规范。根据课标中核心素养四个维度的内涵、学业质量标准、考试命题建议等，笔者归纳了四个维度的评价指标：习题内容、习题表述、学业质量水平与素养水平。

一、在习题内容方面

一道好的习题应该能较好地对主干知识、基本能力进行考查，围绕生物学核心概念的理解与运用、学习过程中的重难点知识。素材的选择要贴近生活实际，反映当今社会、生活、科技等方面的真实情境，指向实际现象和问题的解释和解决。题干中的内容要具有一定的信息量和复杂度，使学生在一定思维量的基础上分析问题、联系所学知识解决问题，培养学生面对实际问题所应具备的必备品格、关键能力，并形成正确的价值观念。

二、在习题表述方面

科学规范的习题语法应正确，专业术语使用要恰当，表达科学、规范而严谨。问题的陈述具有严密的逻辑性和层次性，体现为由易到难、由简到繁。

三、在学业质量水平方面

习题考查的深度与广度要严格按照学业质量水平的要求进行，因为学生的学习具有阶段性，不可能在短时间内把学生培养成生物学某一方面的专家。另外，知识和能力的获得也是一个循序渐进的过程，学生学习的过程符合建构主义的学习规律，知识的形成建立在已有图式基础上。

课程标准中描述学生学业质量水平要求的行为动词有"说出""指出""举例""概述""阐明""说明""描述""解释""论证""探讨""简述""分析""表征并阐释""评估""认同""提出方案""建立模型""讨论""预测与论证"等。不同的行为动词反映了学习层次的不同要求，教师要严格参照这个标准，结合学生的实际能力进行科学合理的习题设计。

根据学业水平的不同要求，学业质量水平分为四个层次：一级水平基于教材原型情境，要求较低，只需学生了解、知道相关的生物学知识，并能进行再认和简单描述，行为动词可以是"说出""指出""概述""简述"等。二级水平指向信息的初级输出，即能全面而深入地理解生物学知识并能在相似的环境中进行迁移，行为动词可以是"举例""阐明""说明""解释""描述""理性判断"等。三级水平指向知识较高层的迁移和应用，即在陌生的环境中能参与讨论、提出合理方案并进行论证等，行为动词可以是"论证""探讨""分析""表征并阐释""评估""认同""提出方案""建立模型""讨论""预测与论证"等。四级水平指向知识迁移和应用的进一步深化，行为动词可以是"阐释""论述""综合运用""做出决策""解决"等。其中，一、二级水平解决问题的情境相对简单，解决问题的程度要求较低，是生物学科学业水平合格性考试的命题依据。三、四级水平解决问题的情境相对复杂，解决问题的程度要求较高，是生物学科学业水平等级性考试的命题依据。

四、在素养水平方面

在对习题的素养达成水平进行评价时，要明确习题对应的学生层次，是对应合格性考试的学生还是对应等级性考试的学生，这样有利于教师对习题难度的整体把握。

第四节　基于学科核心素养的中学生物习题设计的步骤

根据中学生物课程标准中核心素养培养的命题程序及习题设计的一般步骤，结合基于学科核心素养习题的特点及设计原则和评价指标，笔者总结习题设计的步骤如下。

第一步：知识及素材分析。即确定要考查的知识点，认真分析教材，梳理教材中的主干知识、核心概念和学习中的重难点，列出关键的知识条目，搜集相关的真实情境，可以是原型情境、相似情境或陌生情境，进行初步整合与恰当联想。素材不仅要求真实且来源可靠，更要保持素材的原汁原味，还要与学生的生活关系密切，便于学生理解和接受。

第二步：确定习题难度。习题设计前要确定习题设计的难度，明确习题使用的对象是面临学业水平合格性考试的学生还是面临学业水平等级性考试的学生。学业水平等级性考试对应的习题素材在组织和编排上要具有更高的信息量与复杂度。在素养达成水平的规划上，要以习题评价表中的对应等级为设计的起点，根据学生的具体接受情况合理设计习题的难度。

第三步：规划核心素养的设计蓝图。即根据素养水平的不同要求、结合核心素养四个维度的具体内容以及所设计的知识与方法进行综合考量，确定素养培养的设计蓝图。例如，问题的设计要考虑素材中的哪些内容可以通过怎样的学习过程来培养学生的生命观念，哪些素材内容可以通过设计探究实验来培养学生的科学探究和科学思维，哪些素材能引导学生解决真实情境中的问题培养社会责任。

第四步：合理设置问题。在设置问题前应考虑习题设计的题型，不同的题型对知识的考查难度和灵活度不同，教师要选择合适的题型以突出培养核心素养的要求。另外，在设计习题的问题时要遵循循序渐进和逻辑性的原则，由易到难，由浅入深，强调知识的系统性与整体性。问题设计角度应该灵活多样，多创造让学生动手动脑的机会，综合考虑通过安排各种活动实现核心素养四个维度的培养目标。着重考查基本知识和基本能力的问题设计，问题的最终目标要指向实际问题的解决，培养学生面对真实情境所应具备的关键能力和必备品格。

第五步：习题的审核修改。对设计的习题进行综合分析与评价时，可以采用自评和他评相结合的方式。自评阶段，根据习题质量评价量表对所设计的习题在知识点、情境、问题设置、问题解决的可操作性等方面进行评估，判断其是否满足各项评价指标，并进行适当的修改。他评阶段，可以先让同行教师分析习题是否存在知识性或逻辑性的错误，能不能有效培养学生的学科核心素养，然后在小范围内让学生尝试解答，了解答题的体验，进一步检测习题设计的合理性，并进行相应的修改。

第六步：定题。修改完毕后再次审核，没有问题后确定习题。

第五节　基于学科核心素养的中学生物习题设计教学实践研究

习题设计课是新授课的有力补充，是新授课的延伸和升华。新授课带给学生新的知识与方法，侧重"是什么"和"为什么"的问题；习题设计课引导学生运用所学的知识与方法解决问题，侧重"有什么用"的问题。两种课型都是中学生物教学过程中的基本课型，然而在实际教学过程中，教师们更重视新授课的教学设计和教学过程，忽视习题的教学及教学研讨。其实，一节好的习题设计课所蕴含的教学艺术和能力并不比一节新授课低，习题课具有较大的灵活性，对教师设计和掌控课堂效果的能力要求更高。习题设计课是针对问题解决而设计的一种课型，可以是一整节课，也可以是课堂教学片段，目的在于理解、巩固与运用新的知识和技能。

基于学科核心素养设计的习题，也需要有针对性地进行习题教学，培养学生的学科核心素养。习题设计教学过程要充分体现教师组织者、引导者的角色定位，要凸显学生的自主性、主动性和创造性，使学生增强解决现实问题的体验，形成解决实际问题的习惯与能力。结合素养视角习题的特点和课程标准中对学生培养的要求，笔者提出了素养视角习题设计的教学策略模式。

一、展题：教师展示真实的习题情境

教师可以利用实物、多媒体视频、图片等手段创设真实的生活情境，提出问题，引起学生的兴趣，这样不仅能引导学生对现实生活问题进行关注和思考，更能增强学生应对实际问题的能力。

二、审题：分析问题并与生物学知识建立联系

在分析真实的社会现象或问题时，教师可以提出问题："这些生活现象涉及哪些生物学知识？你能把这个社会生活现象或问题转化成生物学问题吗？"学生独立思考，并在小组内进行讨论，形成对问题的初步理解。最后在班级中师生共同讨论，形成对该现象或问题转化为生物学问题的正确表征，这是解答习题的前提。

三、析题：分小组讨论，形成问题解决的方案

在问题解决过程中，要充分发挥小组合作的优势。按照组间同质、组内异质的方式进行分组，有利于发挥不同层次学生的优势，增加学生参与课堂活动的机会。教师引导小组内的成员积极发言，明确每个成员的分工，把小组内成员的参与度作为考核小组的一项评价指标。学生讨论时教师要进行巡查，对学生有疑惑的问题及时引导，及时记录典型的错误或解决方案，提高问题解决的针对性。

四、汇报：汇报解决问题的方案并及时评价

遵循相同观念不重复汇报的原则，小组代表汇报本小组问题的解决方案，其他成员对汇报的情况进行及时评价，教师要注意评价过程中的引导。通过其他方案的汇报和补充完善，形成具有可行性的问题解决方案。

五、总结：归纳总结，形成最佳解决问题的方案

教师引导学生对问题的解决过程进行归纳总结，讨论形成解决该问题的最佳方案和思路，提高学生对问题解决过程的认识。

六、拓展：社会生活中相似问题进行再巩固

为了进一步巩固问题解决过程中所需的知识和能力，教师可以提供相似的社会生活问题或引导学生收集类似的问题，拓展到课外探究解决，以提高学习效果。

第八章

基于核心素养的中学生物学
课堂学习评价

第一节　采取定性与定量相结合的综合性评价方式

　　课堂学习评价是检验课堂学习效果，调控学习效率的重要环节，它是核心素养落地的一个关键。评价虽然一再强调要着眼于学生多方面的发展，但实际上一直突出着检验认知，忽视激励学习和生命发展的功能。基于核心素养的教育明确指出课堂教育的目标是学生的核心素养的全面发展，课堂学习评价应有利于核心素养的教育实施，相应的评价机制和方式应有相应的革新。生物学课堂学习评价应按照不同的生物学课堂教学进行研究，确定不同的评价标准，采取定性定量结合评价，重视过程性评价，开发多样化的评价方式，探索运用信息技术评价的方法，让评价真正发挥推动学生核心素养教育的作用。

　　国际学生评估项目（PISA）是目前参与最广、最具影响力的国际型评价测试。它是由经济合作与发展组织（OECD）发起的，其测试对象是15、16岁的中学生，由于评测对象的所属国家地区教材、语言、个人基础不同，无法用成绩测试来进行评价，考核的重点是学生对课程内容的学习掌握，主要从学生识别科学问题、科学解释现象、使用科学证据三个方面进行评价。该评测的特点就是从学生发展个人素养的角度来评估教育，指向个人核心素养的发展，因此它可以作为教师进行基于核心素养的课堂教学评价的借鉴和指导。教学评价是教学活动的落脚处，教师应该改变"考什么教什么"的落后教学观念，应该立足过程，促进发展，采用定量评价、定性评价、定量和定性评价相结合的方法，探索和改进新形势下的课堂教学评价，为核心素养的培育奠定基础。

一、综合性评价方式理论精要

生物是一门研究生物生命现象和规律的学科。通过学习，学生能具备生物学基础知识素养，同时学生的各方面能力能得到发展和提高，形成积极的情感态度与价值观。核心素养的提出是对三维目标的继承和发展，它倡导的是全民科学素养的形成，它的核心宗旨是促进学生对生命的理解（认知），提高科学探究和思维能力（技能），培养关心社会的责任感（情感）。核心素养的培养绝不是放弃、忽视基础知识和基本技能，学生对生命科学的研究和对知识的理解是核心素养发展的基础和必备素养，这些一般可以用定量的评价来进行测定。而在学习过程中，探究能力和思维的发展以及社会感悟是核心素养难以量化的部分，一般就用定性的过程性评价。

定量评价是传统的一种量化评价，学生学习获得的生物科学概念和对知识的理解通过笔试测验、口头回答等评价方式来进行衡量和测试，评测的数据或信息能客观直接地反映学生学习情况。但定量的评价绝不是比高低、分等级，而是通过量化所反映的数值来分析，了解学生的过去和现在以及存在的不足和成就，目的是更好地、更有针对性地改进教学，充分发挥评价的导向和诊断作用。

学生在生物学课堂上学会观察、调查、实验、合作、讨论等，学生在这些活动中表现出的创造性、兴趣、情感态度等内在核心素养无法用数据量化来直接测试，因为每名学生的发展起点不同，能力不同，情感体验不同，这时的评价就需要教师在学习的情境中注意收集、积累学生的学习活动表现来进行。这样的评价是多样的、动态的，学生的学习进程和发展变化是评价的重点，评价的过程就是学生学习和发展的过程，这种评价就是定性评价，和定量评价相比，定性评价更注重激励和长远发展作用。

目前的课堂学习评价仍未能从升学应试的方式转变为促进学生发展、促进学生科学素养全面提高的方式。定量评价和定性评价这两种方法各有特点，定量评价客观标准化强，更加严密，对比性高，可操作性强，能很好地反映学生学习所获得的知识素养。定性评价侧重于学生的学习过程和发展变化，开放性强，评价难度较高，时间跨度大，它能更好地反映学生学习过程中核心素养的形成和发展。评价是每位教师的必修课，有效的、高效的评价才能真正推动核心素养课堂的发展。由于核心素养这个概念没有精准的定义，在生物学上具有综合性、内隐性、实践性和适应性。

教师要善于根据生物教学内容的特点、目标来设计相应的评价计划，使用相应的评价方法去评价学生素养的发展。根据评价的目的，侧重有所不同，定量评价侧重知识结果和个体表现，定性评价侧重理性发展和个体差异。有效的评价离不开这两种评价的有机结合，教育者要创造多样化、可持续发展的高效评价，将评价和教学、评价和学生发展整合在一起。

二、实践关键

怎样把现有的评价和核心素养的评价相结合？这无疑需要一个融合的过程。把核心素养的要求、评价理念、发展思想融合到定量、定性的评价中，这也是核心素养的落脚点。

（一）用素养量化的定量定性结合评价为学生核心素养的落地提供"数据点"

现在的学习评价基本都以分数为上，知识为本。核心素养的评价肯定不是以考试分数作为全部的评价。现在高校自主招生形式的出现实际上也是学生综合评价的一个体现。把核心素养的评价落实到课程和学业质量之中，运用量化的评价对学生的表现进行持续的记录，这样就有了形成性、终结性的量化评价，真实直观的数据评价可反映学生的日常学习和科学素养的发展。

这种形成性的定量定性结合评价容易产生一种误区，即把学生的平时作业和测验成绩登载记录，然后按一定比例分配算出综合成绩，就形成了量化考核评价。这样的评价无疑还是"穿新鞋走老路"，还是成绩为上的评价，这样的评价对于核心素养的培育没有任何意义。这里的定量定性结合评价应该是一种在教学过程中收集、记录学生课堂学习的信息，包括学生参与学习的全过程，发现不足和进展，用于评价自我、互相评价、反思学习状况的评价。

用怎样的评价来贯串课堂的全过程，真实获得学生课堂学习的信息，并对学生的素养发展做出总体的课堂评价，以指导优化课堂素养培育的教学行为？这里可以把"课堂素养评价量化表"应用到课堂教学中。这种评价需要预先对课堂教学的内容要素进行分析解构，然后对教学设计设置的教学情境中出现的行为、问答、探究、作业等进行相应量化的记录。这里的量化设计包括课堂整体量化和个人学习量化，这样可以很好地通过获得的信息把握课堂教学的状况，又可通过学生的自评、互评来明确个人在生物学课堂上的理解、分析、探究的发展情况，为核心素养的评价提供表面可查的证据。

（二）用素养多化的定量定性结合评价为学生核心素养的落地提供"着力点"

生物学课堂也承载着为发展学生的核心素养服务的功能，用定量评价来促进学生的核心素养发展是有局限性的，有许多内含的、隐性的素养无法量化。评价的过程应该是一个"宽松又富有发展"的过程，学生的差异性、个性思维、问题解决技能、合作交流等得到体现和促进，用素养多化的定量定性结合评价方式就成了学生核心素养落地的"着力点"。

素养多化的定量定性结合评价方式应该是对不同学生的特性、学习动机、情感责任的一个全面认识，这些是核心素养的基本组成。教师教学应该以发展性的教学观和评价观为指导，课堂教学的评价应该对学生的知识水平、学习方式、学习活动表现和社会责任情感发展给予关注。多采用素养多化的定量定性结合评价方式对课堂学习进行评价，可促进学生核心素养的发展。

（三）用素养积累的定量定性结合评价为核心素养的落地提供"成长点"

核心素养的评价报告就像体检报告一样，要对学生进行分析诊断，提出改进建议，呈现的内容包括事实和发展的价值，有学生的核心素养的优良表现，也包括不足之处。这是一个日常积累性的过程，核心素养的评价应该以"促进发展"为目的，不是来考核学生会什么，不会什么，应该淡化选拔，关注学生的发展需要，突出对学生的激励和认识反思。这就需要教师在生物学教学中做好日常的定量定性评价，学会科学评价的方法，摒弃落后的评价方式，要研究核心素养在生物学课堂教学中的具体表现，清楚不同阶段、不同教学内容学习后应达到的要求，立足于课堂教学中学生的发展状况而做出"成长点"评价。

成长记录袋评价的使用研究已经有几十年的时间了，但在认识使用上还是比较有限。认识上的偏差是认为成长记录袋就是记录学生的学习结果的档案，使用上的困难是评价费时费力，需要教师付出很多的时间和精力，操作的困难比较大。但没有哪一种评价是没有缺陷的，每种评价都有优劣，成长记录袋评价融合了"量"和"质"的评价，也是形成性和总结性评价的融合。成长记录袋评价可以应用于学生的学习过程中，来调控学生学习的进展，并有针对性地进行调整。

中学生生物成长记录袋的基本成分包括：①中学生物学课堂素养评价量表，②书面作业：学生实验报告册、练习册、测试卷等，③作品集锦：包括学生的探究总结、实验心得、生物小制作、小论文、奖状等，④阶段反思：学生学习一个阶段后的回顾，对自己的学习方法和效果的反思。

成长记录袋内容的收集不是随意的，不是把作业、测试等简单装进口袋，而是对学生的智力发展、行为态度、学习方法、学习体会等的一个记载，注重收集学生全面发展的变化的资料。教师在教学过程中指导学生有意识地积累原始资料，有选择地利用资料建立自己的记录袋，这个过程坚持以学生为主体的原则，突出学生的主动参与性。

中学生生物成长记录袋评价的学生参与方式：①可以选择将什么材料装入成长记录袋，②可以对自己或他人的作品进行自我、互动评价，③可以多撰写学习活动的收获和反思，④可以多和同学、老师、家长分享自己的成长记录。

学生可以选择将什么材料装入成长记录袋，但教师一定要起指导和监督的作用，帮助学生把自己课堂学习真实的收获和体会载入自己的成长评价，可以是自己最满意的作品、最优的成果，也可以是一次糟糕的作品、失败的经历，可以是个人的作品，也可以是小组合作的成果，从中可以鼓励学生与他人合作，将来能更好地适应社会，更好地工作生活。学生通过分析这些真实的评价记录，以此为依据经常能反观自我，了解自己的学习过程，认识成功或不足，找到改进的学习方法。生物学教学跟生活是紧密联系的，学生的生活能力、身心发展、家庭责任和生活方式表现出来的素养是生物学核心素养的重要组成部分，所以家长也是成长记录袋评价的主要评价者。

第二节　运用基于生长理念的多样化学习评价方法

一、基于生长理念的多样化学习评价方法理论精要

基于生长理念的多样化评价着眼于"生长性"和"多样化"，指向学生的终身发展和学生个体与社会发展的结合，这也是培育核心素养的宗旨。从"知识时代"转向"核心素养时代"，课堂的教学不再是教师传授知识的教学，而是让学生面对真实的问题去学习如何解决问题的过程，同时养成良好的科学素质和生命情感。课堂教学的评价也应以"生"（学生）为本，以"生"（生长）为念，以"生"（学生的全面发展）为旨，创造适合学生的生长理念的多样化评价，体现时代发展的新要求。

课堂学习评价需要以动态、生长的眼光来观察。人的学习也不仅仅发生在学生时代的课堂中，而是终身性的。学生从学校毕业后，在工作中不是直接运用课堂学习的知识和技能，而是在实践中不断地再学习，在实践中不断调整，才能更好地解决问题。课堂上有许多的学生个体，每一个都是动态的、差异的、变化的。传统的评价往往有意无意地给学生贴上标签，"你很笨""你怎么连简单的实验操作也不会""旁边的同学都会了，你怎么还不会"等等，这样的评价会挫伤学生的自尊和自信，容易使人消极。每个个体的智能是不同的，学习的能力是不同的，情感态度是不同的，需要发展的方向也是不同的，用单一的评价衡量差异的个体是不正确的，每名学生只是表现不同，教师应该用多样化的评价方式去评价多样化的学生，评价应该反映学生的学习过程和不

同阶段的变化发展，着眼于学生核心素养的发展，这样才会指引学生，让他们扬长避短，不断进步，给他们一个美好的成长空间。

核心素养是学生发展和适应社会的关键能力和必备品质，教师的评价应该将学生的学业、学生的发展和核心素养三者结合起来，充分正视学生的成长性、适应性、差异性，采用注重生长理念的多样化评价，注重学生的个性发展，重视学生的过程表现、创造力培养和社会的适应性，多角度、多方面、多层次地评价学生的学习和发展。

二、实践指南

为落实核心素养的培养，变知识传授为育人育德，让生命之花、思维之树、探究之路、责任之心在生物学课堂上茁壮成长，教师该如何在生物学课堂教学实践中进行基于学生生长理念的多样化学习评价呢？下面介绍几种常见的学习评价策略。

（一）引领式的生长理念多样化学习评价

引领激励是生长理念多样化学习评价本身应有的特性。生长理念多样化学习评价让学生从评价中得到启发，获得激励学习的动力、激发学习的思维、引发积极的再探究。例如，教师甲用批评的评价方法纠正学生的实验不当行为，从纪律维持角度来看无可厚非，这也体现了评价的"纠错"作用，但忽视了评价的引领激励作用，让学生成了盲目的"服从者"，就不能充分地利用学生的好奇心、求知欲去激发学生学习的主动性。教师乙也纠正了学生的错误，但用了婉转而富有启发的评价去纠正，并引导学生再思考对实验有什么改进的建议。这样的评价让学生更容易接受，也更愿意去再思考、再深入，很好地激发了学生的积极主动性和科学思维。引领式的生长理念多样化学习评价在尊重学生成长会出现不同的错误的基础上，让学生能真切感受到教师对他们的期望和鼓励，在评价的同时促进他们科学主动地再学习，这对于学生核心素养的养成非常重要。

当然，引领式的生长理念多样化评价不是一味迁就学生，错误的地方不能批评。批评和惩罚也是一种评价，也符合学生的生长理念。学生在学习发展过程中总会有各种各样的错误，甚至一犯再犯，如作业不完成、实验乱做损坏、上课不听讲等，有时也需要用批评的方式纠正他们。将来学生走向社会会接受各种各样的考验，少犯不必要的错误能让他们更快、更好地适应工作和生活，这就要求教师从学生时代就引领、帮助他们形成有较高技能水平和正确价值观认识的核心素养。所以教师在课堂的学习引领和批评评价中首先应该明确什么是对学生正确的、有帮助的评价，慎用批评，多用引领，积极调动学生的情感，批评要做到晓之以理，引领要做到循循善诱，引领、鼓励学生向更好的方向成长前进。

（二）反思式的生长理念多样化学习评价

没有反思就没有知识的碰撞和思想的升华，反思是促使教师和学生突破自身认识的有效学习方式。在生物学课堂教学中，教师应积极利用反思式的生长理念多样化学习评价，在尊重学生实际的情况下，让学生自我反思，自我调节，使学生的核心素养向更深入的方向发展。

当然，反思不能只是思而不动，反思不能只停留在心理层面，还应在生活中实践反思结果。核心素养下课堂学习的意义是什么？它应该是使学生形成自我学习的能力，实现反思、提高、再反思的良性生长。核心素养下的课堂学习应该使学生通过反思评价，不断内化和实践生长，从而形成良好的生活态度、道德品质。所以教师应树立反思式的生长理念多样化评价的教学意识，让学生成为评价的主体和主人，引导学生有效地反思，为学生的发展服务，提升学生的核心素养。

（三）倾听式的生长理念多样化学习评价

学习的课堂是动态变化的，学生的学习过程是多样化表现的过程，课堂上有合作讨论、自主思考、实验探究等各种活动。如何在动态变化的课堂学习中寻找有利的评价契机，做出正确的评价和引导？这就需要教师观察、分析学生在课堂学习中的参与状况，用倾听式的评价去促进学生核心素养的生成。

课堂上发生什么是不可预测的，不同的学生有什么样的学习表现也是不能预知的，在课堂教学时，教师需要对课堂的信息有充分的了解，"倾听"能让教师走进学生的学习，了解课堂教学的情况。倾听式的生长理念多样化评价是一种评价方式，也是一种师生友好交流的表现，它能让学生感受到教师对学生自身的尊重，对学生自身学习的期待。

"倾听"不只是用耳朵听，它要求教师全身心投入，可以时而旁听，可以时而参与讨论，可以时而积极指导，深入学生的学习过程中，体察学生学习深处的求知困惑和情感变化，然后用语言、神情、肢体等表达对学生的关注和理解，这是一种能充分促进学生积极沟通、建立良好的师生互动的评价方式。一个善于倾听式评价的教师应该善于把握课堂学习中学生的整体情况和学生学习的个体差异，也应该善于提出高效的、能充分激发思维或探究的问题。当然，一个善于倾听式评价的教师更应该能对不同层次的学生进行有针对性的评价，采取良好的评价有效地推动学习的进行。课堂学习应该是自由舒适、理解尊重的，这样才能让学生的核心素养充分发展。教师的"倾听"带动学生的"倾听"，让学生之间尊重理解，让师生之间感受关注，这样才能塑造学生文明礼貌的品质和善于思考、终身学习的习惯。倾听式的生长理念多样化学习评价不失为提高学生核心素养的一种有效的、"无声胜有声"的评价策略。

另外，在进行倾听式的生长理念多样化评价时要注意避免几个问题：一是不及时的倾听评价。可能教师忙于课堂教学的其他事情而没有深入学生的学习活动中，不及时的倾听评价会造成评价针对性的缺失，从而导致盲目和不科学性。二是片面性的倾听评价。在倾听时教师只倾听了一两组而没有对课堂整个情况做充分的、多方面的了解，这样的评价就不够深入，而是片面不准确的。三是干扰性的倾听评价。打断学生的讨论或回答，用自己的想法或价值观改变学生的思路，这样的评价没有实际的生长性，会造成倾听偏差而不能突显倾听评价的优点和特点。

（四）思维导图式的生长理念多样化学习评价

生物学是一门理科课程，理科的特点是"理性思维、逻辑分析"，生物学核心素养中的一个重要方面就是理性思维的发展。如何在生物学课堂学习评价中引导学生改变学习方式，以灵活科学的思维发展为主线进行有效、高效的学习，发展理性思维这一重要的科学核心素养呢？思维导图式的生长理念多样化评价作为一种课堂学习评价策略，在巩固所学、培养思维素养方面能起着不可估量的作用。

思维导图式的生长理念多样化评价通过让学生完成一个从问题的核心概念出发进行知识发散建立起来的有序图形来进行。一般的评价操作过程是首先学生完成分组，3～4人一组为宜，接着绘制的方法是：①在纸的中央将问题的最大主题写下；②从写下的主题向四周分散写出与之相关的各个分支，一般写得越多越好；③每个分支上提出相对应的关键词，简洁扼要；④使用多种颜色、线条、图形组合，体现美观。以上是思维导图绘制的方法，整个活动体现了以学生为主体，引导学生主动探索的理念。完成后的评价从小组合作情况、图形体现知识概念情况、图形整洁等方面进行讨论评分，得分记录在前面的定量评价表中作为过程性评价的一部分。评价过程体现开放性、整合性、思维性、合作性，要注重评价的生长性（知识、能力的成长），也要注重多样化（体现学生的不同思维），不能把图形的美观作为评价的重要参考。

核心素养下的课堂学习评价应该体现核心素养发展的途径，同时要注重学生的个性发展，树立课堂和学生生长的意识，合理地运用各种评价模式和方法，注重学生的多样性发展和社会发展的结合。基于生长理念的多样化学习评价要全面关注学生的课堂学习，从善于引领生长、乐于倾听交流、开展思维导图合作、多样化反思提高等评价方式中获取有效的学生学习信息，更好地把握学生学习的发展和方向，树立促进学生全面发展的意识，让评价不只是"评"，更体现"价"，不断改进优化，让评价对学生的核心素养的形成和发展提供最大的价值。

第三节　以形成性评价贯串于课堂教学
各个环节

　　形成性评价的任务是对学生日常学习过程中的表现、所取得的成绩以及所反映出的情感、态度、策略等方面的发展做出评价。其目的是激励学生学习，帮助学生有效调控自己的学习过程，使学生获得成就感，增强自信心，培养合作精神。教师对学生的学习评价不是狭隘而简单的判断与评价，而是师生间深度的思想"敞开"和"接纳"。教师给出的评价既有发展性，又有建设性。应该说，形成性评价是能积极指向学生核心素养有效落地的。

　　形成性评价给予学生充分展示的时间和空间。在评价过程中，学生得到及时性、鼓励性与适时性反馈，同时学会合作与尊重。形成性评价增强了学生的自信心，使学生对学习具有浓厚的兴趣及责任感，从而鼓励了进一步的学习。对学生进行形成性评价时，教师要意识到学生之间的差异性，绝对不能笼统地对全班学生做出同一个评价。增加学生自评以及学生互评的方式，能够使学生更清楚地认识到自己的优点以及不足之处，这样更有利于他们优点的继续发扬以及缺点的改正。

一、形成性评价理论精要

　　评价与教学是有机整体，多种评价策略贯串始终。形成性评价强调评价与教学目标及教学过程的一致性，评价与教学不是彼此割裂的，而是一个连续的有机整体，应贯串于教学的整个过程之中（包括备课、上课、课后作业批改和课外辅导等），评价不再是紧跟在教学后面的一个独立环节。因此，教师需要在教学的每个环节选择恰当的评价方式、评价策略收集学生学习进展证据，并根据需求及时调整教学。

基于生物学核心素养的要求，教师需要改变过分关注学习结果的不良做法，将目标定位于促进学生核心素养的全面发展，关注学生学习与发展的过程，注重在发展过程中多次、即时、动态地实施形成性评价，使形成性评价和终结性评价有机地结合起来。实施评价的过程应着力强调并突出评价的发展性、动态性和激励性，重视形成性评价，充分发挥其积极作用，促进新的评价体系的形成。

形成性评价重视学生在评价中的个性化反应，尊重学生的个别差异和个性特点，允许学生依照自己的兴趣和特长做出不同形式和内容的解答，在进行横向比较的同时，充分考虑学生的纵向发展。在这个过程中，学生通过反思能够认清自己身上的不足之处，然后加以改正，久而久之就会养成良好的学习习惯，学习能力也会大幅度提升。当对学生的学习情况进行全面了解之后，教师就会清楚地知道学生在学习中的薄弱环节，然后针对学生的薄弱环节进行重点讲解，这样的教学会更加有针对性，不仅有利于教学质量的提高，而且有利于教学效率的提升。

在推进核心素养落地的今天，形成性评价的实施，无疑具有更加积极的意义。

二、形成性评价实践指南

（一）利用学生学习成果开展形成性评价

教师批改学生作业时会发现许多问题，课堂上就可以展示有代表性的学生作业，让学生观察和思考，在自评、互评中产生争论：提出的问题适当不适当？设计探究的方案是不是科学、严密？方案是不是可行、可信？方案是不是表述有条理、完整？对现象和数据怎样收集？怎样分析结果？而教师的评价可以从科学知识的掌握、科学方法的应用、表达和交流等方面去引导，这种形成性评价可以及时调整和改进师生的教和学。

在课堂上及时、有选择性地拍摄和展示作品，可以为学生有效合作探究学习创造有利的情境。如初中学生在学习"生物学的基本研究方法"时，教师展示学生在课堂上完成的探究作业，让学生找出作业中的优点与问题，形成讨论的氛围，在全班进行质疑和答疑，在生生评、师生评中，逐渐诊断出问题的症结，找到解决问题的策略。探究性研究对学生来讲具有很大的挑战性、趣味性和创新性，对学生的知识技能、操作技能和情感态度等都有很高的要求。学生对自己的实验操作要满意，要有责任意识，实现自评；然后再接受同伴互评，唤起其他学生更多的自主意识和责任意识。

（二）重视学生日常学习的形成性评价

课堂学习中的形成性评价指的是教师根据学生在课堂学习中的各种表现，即有没有积极参与生物学课堂教学活动（如学习情绪状态好、主动提出问题等）、有没有注意和尊重他人的意见、有没有合作意识和能力等，在课堂学习中及时做出评价。

评价学生要用全面发展的眼光，而不能拘泥于课堂学习活动。因此，教师可以开展丰富多彩的生物课外活动，如课外调查与实践活动，就某个与生物有关的问题进行调查，以培养学生的实践能力和社会责任。社会责任的教育突出以学生发展为本的思想，是学生心理发展的基础，更有利于学生的全面发展。学生社会责任核心素养下的情感态度与价值观是影响教学质量的一个最重要的因素。

（三）强化实验教学中的形成性评价

生物实验教学中的形成性评价与其他评价方式一样，是根据一定的教学目标、教学内容进行精心设计的。核心素养的落实需要强化实验教学中的形成性评价。

生物实验能力的培养是一个长期、复杂的过程，传统的终结性评价以测试结果作为衡量学生的唯一标准，越来越不能适应学生发展的要求。评价过程应倡导形成性评价和终结性评价相结合，要实现对学生生命观念、科学思维、科学探究、社会责任等多个维度的考查，注重对实验教学整体环节的考查，如实验课前活动、实验准备、实验过程、实验结果和课后作业等各个方面。这样有助于实现评价的整体性、综合性和全面性，有助于对学生的生物实验素养进行全面的考查。

在形成性评价中非常有必要引入评价量规，因为评价量规能有效评价学生各项能力乃至情感态度，而这些往往不能在终结性评价中体现。量规给出了清楚的行为目标、知识和技能的预期、评价和改进学生活动的标准。通过量规，学生知道怎样被评价、需要达到的目标，从而有效、有针对性地学习。教师和学生通过量规可以很直观地进行形成性评价，并且易于操作。

基于学科核心素养的形成性评价不单纯从评价者的需要出发，更注重从被评价者的需要出发，重视学生在学习中的体验，强调人与人之间的相互作用，强调评价中多种因素的交互作用，重视师生交流，通过评价及时调整教与学的过程，促进学生高效学习。

（四）充分发挥以学生为主体的形成性评价

每一种评价都有其自身的价值，其中生生互评是一种以学生为主体的形成性评价。基于核心素养的教学革新更加强调学生的自主学习，在学习评价方面更加强调以学生为评价主体。

在引导学生进行生生互评之前，教师要了解学生的生物学习基础、学习态度、兴趣爱好等，划分学习小组，以小组为单位互相评价；为确保小组之间评价的效果，应设置动态化开放式分组，使每一个小组的实力保持在适当的水平。在明确生生互评的任务前，教师要充分研究生物教材，掌握教学大纲的要求，把握好教学的重点，然后再为学生确定好互评任务，以便通过生生互评了解学生的基础知识掌握情况、学习态度以及学习差异等。为了确保生生互评的效果，教师需精心挑选任务内容，拓展评价任务的深度与广度，并将任务展示给学生，以不断提高生生互评的效果。在生生互评以后，教师还要进行恰当的评估总结以及教育效果巩固，加强学生的评价效果。

由于教师对学生的评价具有一定的指向性和确定性，再加上教师的学科专业性、学生对事物判断的局限性和片面性等因素的影响，学生容易对教师产生信任感和依赖感，进而对生生互评活动积极性不高；或者虽然进行了互评，但找不到评价点，凭主观感觉进行判断，使评价效果不理想。为此，教师应加强对学生互评方法的引导，使学生学会客观公正地对同学进行评价，并从评价他人中学习对方的优点，弥补自己的缺点，进而使学生都获得不同的发展与进步。

　　充分开展以学生为主体的形成性评价，有利于学生理性思维的发展，能够强化学生学习的主体性，使学生真正变成教育教学活动的主人。

第四节　运用信息技术评价学生的学习发展

根据统计比较分析，利用中学生物发展性评价网站开展学生学习的评价，学生的生物学习兴趣有较显著的提高，说明基于信息技术的评价能激发学生的学习兴趣。

一、信息技术评价理论精要

信息技术运用于课堂教学的评价环节，能更加直观地测量学生核心素养的发展。

教师运用信息技术支持学生学习评价已不再是简单的工具操作，需要掌握一定的课堂评价知识。信息技术支持学生学习评价，既要充分发挥信息技术的优势，也要考虑评价活动的特点。首先，在信息搜集环节，信息技术的超媒体特性可以引导学生积极参与评价，记录学生的真实学习过程，形象具体，储存信息量大。例如，传统纸笔测验升级为计算机辅助测验，不仅改变了试题的呈现和作答方式，而且针对学生的一些复杂技能的测试变得简单易行。其次，加工信息过程中，信息技术的海量存储和快速运算功能能够提供客观的数据与图示分析，对学生的学习表现做出准确评定。例如，S-P表、极课大数据系统用于课堂测验数据的分析，可以帮助教师准确评定每一名学生对测验的反应情况，而且学生可以直观地了解自己的学习表现状况和存在的问题。最后，在信息反馈过程中，通过资源共享，教师可以快速及时地给出问题解答和学习建议。

从整个过程来看，信息技术支持的学生学习评价不仅在搜集信息和加工信息环节可发挥信息技术的优势，而且在信息反馈环节更能体现信息技术的优越性。除此之外，应用信息技术开展有效评价的目的也不再只是针对学生的学习表现和结果给出一个客观准确的判断，而应该上升到有助于学生学习发展。例如，运用计算机模型工具进行反馈引导，为学生自评和互评提供依据。

有助于学生学习发展的评价包括与学生分享教学目标、与学生分享成功准则、有效的提问、有效的回馈、学生自评等。随着信息技术的发展，期待更多的信息技术工具能够支持课堂评价的实现，进而全面提升课堂评价的质量。

二、信息技术评价实践指南

运用信息技术手段，评估测量学生核心素养的发展情况，需要教师结合学科特点，开发有效的信息技术系统，以满足实际教学的需要，从而真正使学生的核心素养得以落地和提升。

（一）运用S-P表分析方法评价学生的学习发展

S-P表分析法是立足于学生和试题的一种评价方法，是由藤田广一教授首先提出的。S-P表分析评价方法是根据统计学原理，将学生（S）和具体问题（P）相对应，进行统计分析，计算学生注意系数、试题警告系数，并给出相应文字评价的一种方法。教师可以根据所制的S-P表，获取所需信息并应用到教学中。

由此，S-P表的评价结果能对生物学课堂的教学质量有一个较为客观的把握。任课教师可以通过S-P表的评价结果，对教学设计和策略做出相应调整，从而促进生物学课堂教学质量的提高。

从学生-试题维度运用S-P表分析方法，可对学生的测试结果进行多维度的分析，分析结果非常直观，使分析者有很形象且深刻的认识。对测试结果进行分析，可以发现学生中存在的问题，而后为学生学习提供指导，提高学生学习效率；对测试结果进行分析，可以帮助教师发现在教学过程中存在的问题，而后寻找策略改进，提高教学质量。因此，运用S-P表分析方法评价学生学习是提高教学质量进程中非常重要的手段。

（二）运用极课大数据评价学生的学习发展

确立核心素养时，我们要妥善处理好其与课程目标的关系，将核心素养落实到课堂教学中的相关评价体系中去，这可改变对学生学习评价以分数为主的局面。

极课大数据是在平常学习过程中实时采集的，这类大数据在教育中的应用有其最重大的意义，即能"让我们走进每一个学生的真实世界"。这样的大数据不仅能真实地帮助教师分析群体状况，而且能分析更微观、个体化的学生在课堂中的参与度与目标达成度，有利于调整教师的教学行为，实现"以学生为本"的个性化教育。

极课大数据系统可以统计和分析学生每一次的练习、测试或评价，不仅从卷面总分进行统计与分析，还通过技术手段，耐心地统计与分析每一大题的得分，每一小题的得分，每一题选择了什么选项，花费了多少时间，甚至是学生在分析解题过程中的每一个细节，在练习过程中学生是否修改过选项，做题的顺序是否有跳跃，审题过程中是否存在潜在的困难，复核试卷所花费的时间长短，纠错过程中涂改了哪些题目等。

极课大数据并没有改变教师传统的批卷习惯，只是通过配套扫描仪录入每次学生考试的答题情况，以及教师的批改痕迹并保存至云端，然后系统自动分析学生成绩，提供数据报表并进行学情追踪。每一位任课教师都可以通过电脑或手机APP查看学生成绩、学情报表、知识点掌握情况以及每一题详细的答题情况和错题学生名单，以此找到学生的薄弱点，对历次考试进行综合评价，开展精准化教学。

极课大数据可以轻松解决传统方法整理错题集（抄写错题，剪贴错题，已有的做题痕迹，对新思考的干扰作用，难以长期坚持等）的弊端，只需在该学生的学业详情中点击生成错题本，就可以有一份完全针对该生薄弱点的独一无二的错题汇总，从而得到错题本，每名学生经过一段时间，就会拥有自己个性化的学习包，切实提高学习效率。

第五节　中学生物学的探究性教学评价

一、发展性教学评价

作为教师，必须跟上教学评价的发展潮流，把握教学评价的发展规律，掌握教学评价的一般技术、原理，能够根据教学评价的不同目的，设计各种评价方案，综合使用各种评价方法和手段，对教学过程及其结果进行科学的、有效的评价。

（一）教学中的评价、测验和测量

评价是在获取关于学生表现的信息时所使用的各种方法的总称。它包括传统的纸笔测验、开放性问题（如论述题）以及对真实性任务的操作（如到实验室实验）。

测验是在相同的条件下，通过施测同一套问题来测量一个行为样本的工具或系统的方法。测验是评价的一种特定形式。测验也回答"在与其他人比较时，个人的表现如何"这一问题。

测量是对个体具有某一特征的程度进行量化描述的方法。测量所回答的是"程度"问题。

评价、测验和测量这三个术语很容易被混淆，因为它们可能被包含在同一个过程中。评价是一个更为一般化的术语，它包括获取与学生学业有关信息的所有方法（观察、行为表现或项目评价、纸笔测验等），也包括学生学业进步的价值判断过程；测验是评价的一种特定的形式，通常是由一组要求在固定时间内完成的题目组成，并在相同的条件下对所有学生施测；测量是指依据特定的规则对测验或其他评价方式的结果进行量化的方法和过程。

与测量或测验相比，评价是一个更全面的、涵盖面更广的术语。测量限于对学生的定量描述，即测量结果总是用数字来体现。它既不包括定性的描述，也不含有对所得结果的价值判断。而评价则不同，它可以包括对学生的定量描述（测量）和定性描述（非测量）两个方面。评价不一定要依据测量的结果。当以测量为基础时，它已超越了单纯的定量描述的范围。

（二）发展性教学评价的基本内涵

古代的教育评价注重对被评价者进行文章（如八股文）与人品（回答一定的问题，类似于个人访谈）的考查。引入了现代教育评价方法后，以评价指标的方式对学生或学生群体进行较为精确的测量，采用的方法就是考试或统考卷（使用比较规范的试题来进行测验），其实就是通过阶段性的区域性测验的方法，将不同学科之间的分数按照一定比例累加起来（有的地区甚至施行规范的标准分），对测验的数据或事实进行量化或二次量化处理。

然而，有的学校或地区把定量评价发展到不恰当的程度，或者机械地运用于一切评价场合，这样就走入了歧途。由于它过多地强调选拔和划分等级的功能，造成一部分学生，特别是学习困难的学生无法认识自己的潜能，容易丧失自我发展的动力。

发展性教学评价承认学生在发展过程中存在个性差异，也存在不同的发展水平。它更重视学生学习态度的转变、学习过程的体验、方法和技能的掌握，重视学生动手实践和解决问题的能力培养，以及学生个体之间的情感交流与合作；它提倡不仅要关注学生的现实表现，更要重视全体学生的未来发展，重视每个学生在本人已有水平上的发展。

开展发展性教学评价需要汲取指标–量化模式和观察–理解模式这两类方法论体系的优点，使之相互配合，互相借鉴，分别应用于不同的评价指标和评价范畴。比较科学的评价方法是：可以量化的部分，使用"指标+权重"的方式进行；不能量化的部分，使用描述性评价、实作评价（使用多种评价形式考核学生在真实情境下的能力表现）、档案袋评价、课堂激励评价等多种方式，以动态的评价替代静态的一次性评价，视"正式评价"和"非正式评价"同等重要，把期末终结性的测验成绩与日常激励性的描述性评价紧密地结合在一起。

（三）可测量的发展性课堂教学评价技术

1. 客观性测验与表现性评价

客观性测验在课堂教学评价活动中较为常见。它主要包括选择题、简答题、判断题等，以具体的分数有效地测量事实性知识的掌握情况，可操作性很强。教师们非常熟悉，也十分乐于使用。但是，也不能过于夸大其教学评价功效，导致片面追求升学率。

表现性评价提供了一种评价学生多种表现的手段，包括口头交流，构建模型、表格、图表或者仪器的使用等。

客观性测验与表现性评价都能提供有价值的关于学生成就的证据，但也都有自己的长处和不足，学生必须留心客观性测验要考查的具体学习成果，还要关注表现性评价所测量的综合的表现性学习成果。考虑到这两者的相对优势，我们不要走极端，最好是兼收并蓄，使两种评价都能用来测量各自最适合的学习成果。

2. 课堂教学测评分类

学校内所使用的诸多评价方法可用多种方式进行分类和描述，系统地掌握各种评价方法，有利于熟练地运用相关的教学评价技术。

3. 一般课堂教学测评过程

课堂测验和评价可实现多种教学目的，对此我们可以按照教学阶段的顺序来进行描述：①在课程或教学单元开始前，检查学生准备情况的预备测验，有助于教学设计及对学生进行更好的安置；②教学过程中的测验和评价可以改善和引导学生的学习，并且对学习中存在的问题进行诊断和矫正；③教学结束后的测验和评价可用来评分，证明学业成就或进行教学评估。每一种类型对于测验题目和任务取样的要求都不同，所使用的解释类型也不一样。

（四）非测量的发展性教学评价技术

学生的学习结果和发展的各个方面可以通过如下方法来补充评定：①学校、学生及家庭相结合的学生成长记录袋技术；②观察学生活动来描述或评价学生的行为（评价学生和其他学生的交往）；③向学生同伴询问有关信息（评价社会关系）；④直接向学生提问（评价学生所表达的兴趣）；等等。

虽然成长记录袋技术、观察技术、同伴评价和自我报告等方法都比较主观，都具有一定的随意性，而且运用这些方法需要比可测量的纸笔测试评价方法花费更多的时间和精力，但它们却是评价学生多种重要行为不可或缺的有效手段。

1. 学生成长记录袋技术

学生的成长记录袋能促进教师与家长及其他有关人员进行交流。它是对学生作品有目的的收集，也可以说是学生个人成就的描述。成长记录袋便于与课堂教学结合起来，能激励学生发展自我评价技能，为自己的学习负责，并成为反思性学习者。要求学生对具体的内容和整个成长记录袋进行自我反思和自我评价是必要的。

为规范成长记录袋技术，对其所收集的内容、类型以及最低数量等方面进行规定和指导是必要的。为保护个人隐私，应明确规定成长记录袋可能的参阅者。

计算机的普及应用，为制作学生成长记录袋起到了很好的促进作用。我们倾向于教师、孩子本人和家长分别制作孩子的成长记录袋，进行经常性的交流与沟通。这实际上是从多角度来跟踪孩子的成长，可及时纠正孩子行为方面的偏差，更有益于孩子自身的成长。

2. 观察法——轶事记录法

观察法可用于评价其他客观方法无法评价的行为，如言语表达能力、显微镜操作能力、写作能力等，用等级评定或作品分析可能更为有效。

轶事记录既要面向所有学生，还要特别关注少数特殊的学生，比如学习阅读很吃力的学生、被拒绝的学生、具破坏性的学生和学习失能的学生等。对这些学生的综合性的观察有助于我们理解学生的困难并制定有效的教育策略。只有我们一次观察一两个学生时，才能获得完整和有用的信息。在观察过程中，我们最好将注意力集中起来，不去记录其他学生的一些情况。轶事记录法的缺点是要完成一个系统的观察，就需要花费较多的时间，之后再做好观察的记录也是很花费观察者时间和脑力的。

3. 同伴评价

同伴评价比较适用于评价人格特点、社会关系以及其他典型的行为方式。在群体同伴中的社交互动，为学生提供了一个独特的观察和判断同学行为的机会。由于同伴评价是依据自身的经历，这对成人来说不容易获得。因此，同伴评价的信息对教师观察有着重要的参考价值。

（1）猜人技术

猜人技术以同伴提名法为基础。其计分方法简单。例如，如果某位学生在友好项目上得到的提名是12次，在不友好项目上得到的提名是2次，那么该生在友好项目上的计分就是10分。计分模式表明每个学生在同伴群体中的声誉。

猜人技术的优势在于它的实用性。对所有年龄水平的学生来说，整个过程需要的时间很短，并且计分非常简单，只需要数一数所有提名的次数。它的主要局限性在于不利于收集有关害羞和退缩学生的信息，因为这些学生在群体中往往没有声望，在评价的过程中往往会被忽略。

（2）社会测量技术

社会测量技术是用来评价单个学生或小组的社会接纳性的方法。依据小组情境下和小组活动时所选择的同伴，学生所得到的被选择次数可以作为他的社会接纳性的一种指标，他所选择的社会关系网络可以用来描述团体的社交结构。建议每位学生选择的数量不多于5个。若大于5个，社会关系网络图就会变得很复杂，而其信度却不会增加，费力不讨好。

社会测量方法可以通过两种方式来改进团体结构。首先，它有助于确认团体中的小圈子、社交裂缝以及学生之间的关系。其次，它为按照一定方式重新组织团体提供了有用的信息，从而有可能形成一个有凝聚力的团体模式。一个分裂的班级结构，表现为有过多的小圈子、裂缝和受孤立的学生，一般来说会导致较低的团体士气和比较差的学风。

4. 自我报告技术

如果学生不愿意透露自己的真实想法，那就很容易造假。另外，若学生对过去的记忆不够准确，他们的自我记录也会存在偏差。

（1）个人访谈

从个体那里获得信息的最直接的方法是个人访谈。面对面的访谈作为一种自我报告的方法具有以下几个优点：首先，访谈者可以澄清问题，进行追问，以及给访谈对象说明或扩展他们答案的机会，比较灵活；其次，访谈者可以对访谈对象进行观察，注意与他们的答案相联系的感情或他们似乎想要回避的主题，以及他们最健谈的领域；再次，访谈不仅可以收集来自访谈对象的信息，而且可以与访谈对象分享信息，就像咨询访谈一样，面对面的接触可以作为促进发展的基础。

个人访谈一直是获得学生自我报告信息的理想方法。但是，个人访谈非常耗时，而且获得的信息往往并不规范。因此，为了同时满足灵活性和信息的可比性，问卷调查经常用来代替个人访谈。问卷由特定行为领域中一系列标准化的问题组成，在标准化的条件下让学生回答和计分，是一种标准化的、书面的访谈形式，可以在短时间内收集大量的信息，并对所收集的资料归纳出比较客观的结论。

（2）态度测量

在一些情况下，态度本身就是重要的教学结果，如科学态度。在其他情况下，我们可能希望了解学生对待一系列事物的态度，比如班级活动、教科书、实验室实验或者教师的教学，据此可以进行必要的调整。当然，一些关于态度的信息可以通过观察发现，但更完整的评价还需要收集学生的有关信息作为补充。

在解释态度量表的结果时，需要记住，这些结果是学生个人报告的感受和观点。

利克特量表是用来测量态度的一个简单的，而且得到广泛使用的自我报告方法，它清晰地罗列出一系列期望得到学生反应的陈述，要求学生对每个陈述做出回答：非常同意（SA，strongly agree）、同意（A，agree）、不确定（U，undecided）、不同意（D，disagree）、非常不同意（SD，strongly disagree）。利克特量表是根据发明者的名字命名的，该量表非常容易编制和计分。

（3）兴趣调查

在测量态度的同时，教师也可以设计简单的自我报告工具，收集有关学生的兴趣与爱好方面的信息。

在非正式的兴趣调查中可以使用多种回答方法。简单的喜欢–不喜欢回答方法还可以扩展成多个计分点，比如喜欢、一般、不喜欢或者非常喜欢、喜欢、一般、不喜欢、非常不喜欢。

在中学和大学广泛使用的一种兴趣调查方法是斯特朗–坎贝尔兴趣调查法。它主要根据个体所表达的兴趣与个人参与的具体职业之间的相似性进行计分与解释。答案写在可以机器评分的答题纸上。

中学经常使用的另一种兴趣调查方法是J.霍兰德和A.鲍威尔编制的自我定向调查法，适用于初、高中学生。调查报告采用霍兰德制定的两字母编码，以突出学生在六个一般性的职业领域中所选择的最感兴趣的两个。六个职业领域倾向分别是现实的（R，realistic）、研究的（I，investigative）、艺术的（A，artistic）、社交的（S，social）、不断进取的（E，enterprising）和传统的（C，conventional）。例如，在现实和研究维度上得高分的学生可以用字母RI来编码。

值得注意的是，小学生和中学生的兴趣和爱好具有不稳定性。在大约17岁以前，儿童和青少年的这种不稳定性是积极的，这表明我们通过学校教育来发展学生的兴趣和爱好是很有机会获得成功的。对于决定学生未来的职业，我们应当依赖于学生在高中最后两年或以后的兴趣测量结果。

二、探究性技能训练与评价

技能训练作为生物课程标准及依据生物课程标准而编写的有关教材内容，在当今中学生物学教学中，是全新的教学内容。怎样积极有效地开展技能训练教学，是一个全新的课题，它在教学活动中的地位和价值显然是非常重要的。

生物教学中必须组织学生开展技能训练。一般认为，学习者学习知识，主要依靠自己的理解和记忆能力；而学习者学习技能，除了需要理解和记忆之外，还需要通过充分和足够的反复练习，使自己的行动达到完全熟练甚至是自动化程度，这就是技能形成的独立操作性原理。我们要紧密结合这个原理，开创积极有效的技能训练教学的新型课堂。

（一）技能训练与评价的教学含义

技能训练是指依据生物学课程标准编写的、在各版本教材中呈现的相应教学内容，旨在加强对学生的探究性技能的训练，培养学生的科学探究能力；技能训练教学是指针对教材中的技能训练内容，开展积极有效的教学活动，培养学生的探究技能。由于教材编排的科学探究活动内容较多，而学校安排的课时相对较少，探究学习的过程在许多情况下都要被简化，以使学生在较短时间内学到生物学的基础知识与能力、学科知识架构体系，以提升学科核心素养。因此，技能训练教学需要进行系统的研究、整体的安排、合理的设计，找出不同探究内容的侧重点，从可操作性的角度出发，分层次、分阶段地落实生物课程的探究性教学目标。

1. 理解科学探究

教学过程主要体现五点：①体验到科学探究是人们获取知识、认识世界的重要途径之一；②意识到提出问题是科学探究的基础，解决科学问题常常需要做出假设，并明确假设的可检验性；③认识到科学探究可以通过观察、实验、调查、资料分析等多种途径来获得事实和证据；④体会到科学探究既需要观察、实验、调查、资料分析，又需要进行分析、归纳、判断和推理；⑤感悟到科学探究的过程需要正确地表达，需要与人交流和合作，探究的结果、结论还可能运用于生活实际；等等。

2. 发展科学探究能力

义务教育生物学课程标准明确提出，在生物科学探究的过程中，需要着重培养的能力有如下几个方面。

（1）提出问题

① 尝试从日常生活、生产实际或学习中发现与生物学相关的问题。②尝试书面或口头表述这些问题。③描述已知科学知识与所发现问题的冲突所在。

（2）做出假设

① 应用已有知识，对问题的答案提出可能的设想。②估计假设的可检验性。

（3）制订计划

① 拟订探究计划，列出所需要的材料与用具。②选择控制变量，设计对照实验。

（4）实施计划

① 进行观察、调查和实验。②收集证据或数据。③尝试评价证据或数据的可靠性。

（5）得出结论

① 描述现象。②分析判断。③得出结论。

（6）表达和交流

① 撰写探究报告。②交流探究过程和结论。

其实，我们还要考虑教学的延续性问题。义务教育阶段需要培养的能力，到高中阶段，还会有继承、发展和深化。

课标要求通过高中阶段的教学，发展科学探究能力，初步学会：①客观地观察和描述生物现象；②通过观察或从现实生活中提出与生物学相关的、可供探究的问题；③分析问题，阐明与研究该问题相关的知识；④确认变量；⑤做出假设和预期；⑥设计可行的实验方案；⑦实施实验方案，收集证据；⑧利用数学方法处理、解读数据；⑨根据证据做出合理判断；⑩用准确的术语、图表介绍研究方法和结果，阐明观点；⑪听取他人意见，利用证据和逻辑对自己的结论进行辩护以及做必要的反思和修改。

3. 开展教学评价活动

技能训练教学的教学评价也可以笼统地划分为客观性测验与表现性评价。

客观性测验能较为有效地测量动脑的技能，如解读数据，即通过命题，检查学生对数据的解读能力，视学生纸笔答对情况而直接评分。其可操作性很强，过程简单易行，教师们也比较熟悉。

有时表现性评价也被称作真实性评价或替代性评价。它们强调的侧重点不同。替代性评价是与传统的纸笔测验相对而言的，真实性评价强调真实情境中完成真正的任务。我们倾向于使用表现性评价的表述，是因为它比替代性评价更形象，同时又不像真实性评价那样难以理解。

在技能训练与教学评价中，一些单纯依赖动脑的技能，如实验操作步骤的识记、仪器药品的配置与使用程序、实验设计的方法、解题的步骤以及解读数据的能力等，可以使用客观性测验来计分记录。学生之间的梯级差越小，评价结果的区分度越清晰；而更多的手脑并用的动作技能训练与教学活动，如实验步骤的规范与熟练程度、实验器材的使用及规范操作等，比较适宜使用表现性评价的方法来记录学生等级结果，其评价结果的区分度相对来说虽然比较模糊，但也是切实可行的。

（二）技能训练与评价的教学策略

从前面的分析可以知道，我国中学生物学教学提倡科学探究，在生物课程标准中有明确的阐述，这是课程标准对中学生物学课程的本质要求。怎样开展科学探究活动？其中极为重要的是，必须让学生掌握一些开展探究活动必备的探究技能。

1. 把握好技能训练的教学内容

在人教版教材中，就经常性地安排技能训练的教学内容。这些内容都按照一定的规律，由易到难、由浅入深地编排到科学探究活动中去。而且初中阶段和高中阶段具有一定的连贯性。只有把握了教学内容，教师才可以根据自己的教学实际，灵活地组织学生开展教学活动。

2. 结合本地资源开展探究性技能训练

开展探究性技能训练是中学生学习科学探究的良好方法和途径。中学生应该能够以个人或小组为单位，自主地开展一些探究性实践活动。学生们应该结合身边的实际，自己提出课题、做出假设、设计探究方案、实施探究方案；他们也应该掌握科学探究的一般技能，如收集数据、得出正确的结果和结论并能够表达和交流这些探究过程和结论。

探究性教学中，更为重要的在于它的过程而不完全是它的结果。学生进行科学探究的真正意图，不仅在于掌握生物学知识本身，而更为重要的是要让学生通过对生活中许多现象的研究，发现问题，解决问题，从研究过程中体验到科学探究的一般方法，让他们亲身体会科学家是如何困惑于问题、如何假设问题的"答案"，考虑从哪些途径去解决问题，并以此渐渐地养成科学探究的态度、方法和思维品质。

显然，发生在学生身边的各种探究性活动都不一定很完整，且各有区别和侧重，但是这些训练并不是没有意义的。因为通过许多个这样的探究性活动的训练，经过教师的系统安排，其结果必然会使学生熟悉探究性活动的每个环节，也就是使学生从整体上掌握探究性活动的一般方法和过程。学生必须认识到这一点。

3. 把握好技能训练的教学特征

知识与技能的学习方法是不一样的，人们学习知识，主要依靠自己对知识的理解和记忆能力；而学习技能，除了理解和记忆外，还需要充分的练习，才能使自己对技能的掌握程度达到完全熟练化。

许多情况下，技能的训练是通过操作的模仿和对动作的反复机械练习来完成的，这种训练就需要先理解动作技能的要领，并且使操作达到熟练自动化程度，比如显微镜的操作使用技能的形成。

如果技能是指动脑思维的话，就需要在理解动脑思维技能的固有思维定式的前提下，通过范例的展示，让练习者掌握要领，再进行适当的模仿练习，使思维的技能得到进一步强化，从而让练习者在遇到新情景的情况下，也能够使动脑思维的内部操作技能得以表达。比如实验设计的基本套路、坐标曲线题的基本解题思路、解读数据的基本方法、科学探究实验论文的表达交流方法等，这些是最为高级的技能行为训练。

可见，要培养学生科学探究的能力，就要有计划、分阶段地对学生的探究技能进行专项的、有针对性的训练。

（三）技能训练与评价的教学实践

技能训练与评价教学的目的，是要教会学生开展科学探究的方法，考查学生在探究过程中的操作表现、思维表现、学习能力表现等。如观察，要能找出相同点和不同点；如分类，要能站在合理角度，对事物分类；如归纳，先要收集很多材料，才可以归纳，还要对材料进行分析、比较、综合，才能归纳、概括，得出结论。

1. 在科学探究的分类教学中，突出技能训练教学

（1）在探究性实验教学过程中突出技能训练教学

加强对探究性实验实施的几个环节的针对性训练很有必要，目的是使学生熟练掌握实施实验的技能和技巧。如提出问题，教师要尊重学生多样化的提问和假设，让学生学会判断怎样的问题才有价值，选择有价值的问题去研究、去探讨，而不是教师提出问题强加给他们；又如控制变量，设计对照，这是开展实验设计的基本要求，学生必须掌握，需要经常性地反复训练；再如记录实验数据、对数据结果进行处理等，学生要养成尊重客观事实，科学处理的工作态度；还有，科学探究的基本方法、技能，要通过多次实践来形成。

（2）在"探究性资料分析"教学过程中突出技能训练教学

我们可以在"探究性资料分析"的各个教学环节中分步骤地渗透技能训练教学：①教师提供背景材料或学生从自己查找的资料中发现与生物学相关的

问题，并以书面或口头形式表述这些问题。②应用已掌握的知识，对问题进行归纳，并对这些问题的答案提出可能的设想，估计假设的可检验性。③制订验证计划，列举证明假设所需要的文字材料与证据。④实施计划，将问题、假设一一对应。如果能够以表格的形式将它们列举出来，则更为理想和清晰。⑤通过逻辑和推理，对这些材料进行分析，寻求其内在联系，形成观点。⑥通过归纳和总结，得出合乎逻辑和规律的解释，形成结论，并学会评价这些材料和观点的内在联系以及可靠性。⑦撰写探究报告，口头或书面表达交流探究过程和结论。

（3）在科学观察教学过程中突出技能训练教学

观察法技能训练教学过程要重点突出：①养成观察习惯，发现有价值的问题；②习惯于集中精力观察、多角度进行观察，善于观察与思考，形成假设；③学会制订切合实际的观察计划和提纲，列出观察内容、起止时间、观察地点和观察对象，学会制作观察表或卡片；④按计划（提纲）实行观察，能熟练、准确地做好详细记录；⑤最后整理、分析、概括观察结果，验证假设，做出结论。

（4）在调查研究教学过程中突出技能训练教学

调查法技能训练的重点是：①学会收集资料的方法，能够从众多资料中发现有价值的问题；②学会假设，在此前提下设计好将要开展调查的计划，预测调查过程中可能遇到的各种困难；③能够克服困难，实施调查计划，收集到研究课题所需要的第一手材料和数据，揭露现实存在的问题，暴露矛盾；④明了所研究问题的现状，发现新的研究问题、先进经验或存在的问题，并提出解决问题的新途径、新见解或看法；⑤能撰写出有一定质量的调查报告，并能用合适的形式表达交流。

学习运用访谈法时，要教会学生制订计划，列出谈话提纲，访谈时要善于与被调查对象面对面地交流，交流的话题针对性强，使获得的采访资料真实可靠，便于整理和归纳，能够验证原先的假设，形成正确的结论。

学习运用问卷调查法时，要教会学生养成做好周密规划的习惯，根据需要确定调查的主题，然后围绕主题，设立各种明确的问题，能根据需要设计包括选择法、是否法、计分法、等级排列法等形式的调查问卷，能对问卷调查收集到的资料，做定量和定性的研究分析，最终归纳出可靠的结论。

2. 知识与技能训练并举，把握"双基"教学

（1）"双基"教学中出现的主要问题

① 缺乏教学组织能力，"双基"教学变成了讲课

"双基"教学中，完成课程标准、教材规定的进度高于一切。教师长期使用讲授法或谈话法教学，课堂控制欲强烈，使教学过程机械死板、整齐划一，课堂教学像军训，完全没有关注学生个性发展，学生在课堂的主体地位几乎缺失，学生的学习积极性完全丧失。"双基"教学只有教，没有学。学生没有学习的兴趣，导致知识和技能都没学到。

② 只教基本知识，不教基本技能

许多教师对基本知识理解透彻，所以，他们对自己熟悉的东西，在教给学生的时候就得心应手，所以基本知识的教学得到充分重视。基本技能是什么？虽然课标和教材中都有提到，但是毕竟不像知识那么具体，那么具有系统性。再加上教师对技能训练的教学特征和作用不甚了解，怎样去开展教学？教师感到无从下手，于是对学生在课堂内外的技能训练只有忽略。这样，就使"双基"教学变成了"单基"教学。

③ 缺乏技能训练的方法，技能训练变成了背诵

许多教师不能把握技能训练的教学方法，把技能教学当成了知识教学，有的教师只教不练或者有练但练不到位，使学习的技能得不到及时训练，或者没有达到自动熟练化的程度，吃了"双基"中技能的夹生饭。日积月累，学生由背诵或死记程序或步骤而得到的技能终将退化，背了又忘，忘了又背，导致许多学生进入技能学习的恶性循环，造成两极分化。

（2）技能训练教学的主要内容

身体的外部操作技能主要是指生物实验技能，这可以通过学生实验课来训练，训练次数越多，学生的操作就越熟练；动脑思维的内部操作技能主要是指学生学习中，一些解决问题的方法、思维途径、解题步骤等，具有一定的思维程序，也具有一定的规范，教师通过呈现范例，让学生进行模仿练习，最终能让学生得到解决问题的方法。

教师对动脑思维的内部操作技能的教学活动几乎缺失，有的教师甚至本身

就可能缺乏这种技能，怎么能去组织好这方面的教学活动呢？比如解题技巧是一种技能，在复习课或讲评课中经常遇到。一般来说，学生没有具备一定的基本知识，当然不能对题目做出解答，所以解题能力是以基本知识的掌握为前提的；但是令人奇怪的是，往往学生已经知道了这些基本知识，却对这些知识怎么组合运用来解答题目不甚了解。这是因为他们不会在新情境下去提取这些已有知识，不会按照特有的程序有逻辑地排列组合，他们不具备解决这类题目的逻辑思维能力和技巧。所以，解题技巧也是需要训练的，教师虽然已经教给了学生知识，但实际上做得还远远不够，教师还必须教给学生利用知识解决新情境下问题的能力，即解题的思维能力。

学生的"双基"和解题能力的表现，经常是在限时条件下训练完成的。有人说没有限时要求就没有解题技能，这不无道理。教学中技能训练要限时、要突出主干，讲究高效。在这里，"变通式"的训练应该是动脑思维的内部技能形成的关键。

（3）把握"双基"教学

各级教学研究部门和各级教科所，非常重视总结"双基"教学中的问题、经验和规律。他们甚至试图通过教学评价来促进"双基"教学，规范"双基"教学中教师教的行为和学生学的行为。

所以，"双基"教学在生物教学中显得非常重要。生物学本质上是实验科学，生物学教学课堂必定是"双基"的教学课堂。在生物学教学中，我们不但要重视生物学实验的操作技能的教学，更应该重视生物学思维、方法等动脑思维的内部操作技能的教学。

3. 创新技能训练教学，探索教学评价多元化

由于广州市中学生物课程不参与高中阶段的选拔性评价，因此，质量监控主要关注客观性评价与表现性评价相结合的评价形式，建立过程性评价与终结性评价相结合的教学评价体系。中学生物课程评价施行市级开放性考试（学生优秀作品评选）、全市生物学实验考试（宏观调研与抽查）、八年级生物学全市纸笔测试三者相结合的教学评价制度。

（1）领会发展性教学评价内涵，搞好平时成绩评定

平时成绩是根据学生平时课堂学习表现、实践活动表现、平时作业、平时

测验评价等来确定的，在终结性评价中所占权重为10%。

课堂学习表现是一种非正式评价，可以通过学生平时参与课堂的学习态度与情感表现、勤奋与认真表现、小组参与状况、合作学习表现、问题意识及思维表现等情况来综合评价，学生在生物学实验教学中的表现也归属此类；实践活动表现是一种真实性评价，可以通过学生对真实活动的参与度、积极性、完成工作量情况、工作效率等方面来评价；平时的作业评价也是一种表现性评价，可以通过是否按时提交作业、作业的完成程度、完成任务的正确率、思维的创新情况等方面来评价；平时测验也回答"在与其他人比较时，个人的表现如何"这一问题，可以通过学生参与测验的积极性、答对率及其思维表现等方面来评价。

给学生评定平时成绩，突出了教师评价的主导地位，是教学评价赋予教师的权利和义务。教师要坚守职业道德，认真负责地收集学生各种表现资料，做好教学笔记，观察和记录每位学生在教学过程中的思想动态、行为表现和学习能力表现，站在公平、公正、公开的角度，对自己所任教班级的所有学生做出客观判断，逐一评分，按时提交评价结果。如果在初中两年的教学中，有多位老师任教，那么提交的结果应该是综合各位老师对学生在两年内学习表现的总的评价结果。

（2）改革纸笔测试的命题方式，实践技能训练评价

平时教学中也可开展技能训练试题的编写和积累，内容涵盖比较全面，基本能够考查学生应该具备的基本探究技能。其中比较认可的能力考查有：①观察与思考能力；②图形与数据的转换能力；③预测结果并做出解释的能力；④提出问题，做出假设，预测结果得出结论的能力；⑤设计实验方案，预测结果的能力；⑥评价实验方案的能力；等等。

（3）规范非纸笔测试形式，突出表现性评价

非纸笔测试包括生物学实验考试与开放性考试（有时也称开放性考查），其实施均以表现性评价为主。生物学实验考试由区统一命题，各校组织考试，重点考查学生实验操作技能；生物开放性考试也由学校自行组织，要求每位学生在7～8年级两年学习时间内完成1或2件开放性作品，通过自评、小组互评和教师及家长参与评价，得到每件学生作品的得分，再通过小组内互评得出每位

学生的成绩。学生在生物学实验考试与开放性考试中的成绩可以互换，以最高分记入结业成绩中，在终结性评价中所占权重为20%。

① 规范中学生物学实施开放性考试

由于开放性考试在形式上有其自身特点，这就决定了它的评价过程的特殊性。一方面，强调其考试特征，特定年级的所有学生均须参加这一评价项目；另一方面，又提倡其考试形式的灵活性，学生可以独立完成，也可以小组合作完成，学生可以自主选题，可以选择书本里的题目，也可以选择自己生活中发现的课题，表达形式也没有过多限制，可以是模型、标本制作，也可以是实验报告或探究报告，可以用纸质文字表达，也可以用手抄报或计算机课件与网页表达。这种考试形式深受学生欢迎。

② 积极实施生物学实验操作考试

生物学实验操作教学过程中，在评价学生的行为表现时，我们可以综合使用各种评价学生行为的应用技术，来促进学生的发展。特别是这些评价内容和评价指标在实验考试时有广泛运用，这点要让学生们知悉。

评价学生行为的应用技术中，有的技术实施起来比较容易，如纸笔测试和口头提问只要根据学生答对率就可以评分，还有观察和记录的技能，只要学生在实验过程中，做正确了就可以给分；但有的技术实施起来比较困难，如设计实验的技能，属于动脑的程序技能，既有固定套路又有课题选择的灵活性，需要在多次训练和练习中来考查，所以需要老师经常调整原来给学生的评分结果。再如实施实验的技能，就牵涉到选择仪器、安装仪器、进行实验操作等动作技能，还牵涉到学生的工作习惯，所以要特别关注过程的表现性评价。

实验操作考试特别重视学生常规实验中每一步的操作技能表现，而且每一步都有明确的权重来评分。过程性评价得到进一步强化。

（四）值得思考的问题

开展学生学业评价，特别是施行有关科学探究与技能训练内容评价的尝试，对于改变教师的教学行为和学生的学习方式，落实课程教学理念，应该说，起到了一定的积极推动作用。但实践中也发现一些问题，这是不容回避的。

1. 关于"技能训练"的内涵问题

教材中安排了许多技能训练的内容，这些内容中有不少与学生开展科学探究活动密切相关。我们认为，所有这些都属于技能训练。但是在教学中，技能训练并不一定是专属于科学探究的，生物学常规实验中，如许多验证性实验、演示实验等，也有许多操作性的技能需要训练学生去掌握。科学探究与技能训练之间的教学相关性怎样？应该怎样处理它们之间的关系？这无疑也是值得探讨的。

2. 关于运用纸笔测试来检测学生探究性技能的问题思考

通过纸笔测试来检测学生对于知识的掌握程度，是教学评价活动中常用的方法。但是，通过纸笔测试来检测学习活动中学生对于探究技能的掌握程度，这是教育评价中公认的难题。比如开展纸笔测试，就需要命制有关科学探究与技能训练内容的试题，哪怕是每学期考试中，命制出2～3道这样的题，也感觉难度很大，特别是一些数据和命题情境，也要耗费命题者许多时间和精力，有时挖空心思也难以找到好的材料和命题情境，命制出称心如意的好题来。

施行有关科学探究与技能训练内容的考核来导向教师教学行为的尝试，也经常得到一些一线教师的鼓励和支持，他们反映，哪些题目出得好，有新意，哪些题目受到学生的欢迎，哪些题目有问题或表达不清，哪些题目学生不好作答，还有改进的空间。他们的这些鼓励和支持，说明我们在技能训练方面的探讨还有很大的研究空间，以后我们还需继续努力。

三、纸笔测试评价实验探究能力

学生参与探究性实验各主题内容的教学活动效果如何？一般的做法是通过表现性评价，比如广州市通过开放性学生作品评价的方式，考查学生实验探究能力能否运用于生产或生活实际中，考查学生作品是否具有操作性，其实验思路或作品结构是否合理、严谨规范等。这些都是很有说服力的评价倾向和方法。

除此以外，我们也尝试运用纸笔测试的方法进行探究性实验教学效果的检测。将生物探究性实验的一般内容、实验设计原理和方法结合起来开展纸笔测试，有利于评价学生的提问与假设能力、简单的实验设计与分析能力、信息提取和转换能力等，以此促进探究性实验教学的深入开展，以期转变学生不求甚解，死记硬背教材内容，不认真观察，不参与实验等不良的学习习惯。

（一）考查学生提问与假设的能力

要求学生在一定背景材料中发现与生物学相关的问题，并以书面或口头形式表述这些问题，描述已知科学知识与所发现问题的冲突所在；应用已掌握的知识，对问题的答案提出可能的设想，估计假设的可检验性。

（二）考查学生设计实验方案及其可行性的能力

要求学生能够制订探究计划，提出实验步骤，列出所需要的实验材料与用具，选择控制变量，设计对照实验。特别要明确对照实验是在研究一种条件对研究对象的影响时，除了这种条件不同以外，其他条件都要相同，并排除偶然因素的影响。

（三）考查学生实施方案及记录实验结果的能力

重点在实施实验方案，观察实验现象，收集实验数据，评价这些实验现象和数据的可靠性。

当然，评价实验方案的合理性也很重要。最好能够从多个设计方案中优选出最切合实验生物生活环境的实验方案。这样实施起来遇到的问题与麻烦将大为减少。

（四）考查学生根据实验结果得出探究结论的能力

要求学生描述实验现象，处理实验数据，得出合乎实验的解释，形成结论。也要能够根据实验过程及结果来撰写实验报告，口头或书面表达交流探究实验过程、结果和结论。

（五）考查实验探究过程、方法及与其相关知识的联系

以上运用纸笔测试评价学生实验探究能力的尝试，是逐过探究实验的各个分解环节来阐述考题的命制方式的。实际上这类考题还可与考题背景相关的书本知识或原理紧密联系起来进行综合命制。

我们认为，开展纸笔测试评价学生实验探究能力的效果是明显的。该类型试题的命制方式新颖独特，考题立意清晰明了，所考查的内容重点突出，且是生物核心知识、主干知识，使考试的评价功能导向重视实验探究操作和技能的培养。教学中要特别加强对知识的理解和运用能力培养，避免学生读书死记硬背，不求甚解。

四、开放性学生作品评价

（一）开放性考试的内容

中学生物学开放性考试是一种任务型的考试方式。开放性考试要求学生依据生物学课程标准和现行教材内容，自主选择一项适合其个性特长发展的项目，参照课程学习主题开展研究，并以实验报告或小制作等"作品"为呈现方式，提交给学校或年级来进行评价。

开放性考试体现了课程标准倡导的自主性和选择性的教学理念。近年来，通过各个学校老师的组织与发动、悉心指导，番禺区学生的开放性作品逐渐导向探究性报告、调查报告、实验报告、实验小论文等自主探究意义更为浓厚的作品。其作品的表达形式，可用A4版面纸质呈现，也可用手抄报、电脑网页等形式呈现；当然也不排斥生物标本、模型等优秀作品的制作。正因为这样，其教学评价不像纸笔测试那样具备客观的评分标准。所以，我们必须对中学生物开放性考试的评价问题开展积极探索，建立科学而合理的评价指标体系以及切实可行的操作规范。当然，科学而合理的评价指标体系，又可以反过来为学生的学习和行为提供导向、启发和参考。

（二）建立评价指标体系的原则

开放性考试力求综合考查学生的多元智力、个性发展的层次水平以及表达交流的能力，要能体现教师教学的弹性，更要能体现教学评价的灵活性，操作起来简单方便。

1. 导向性原则

导向性原则就是以促进师生发展为宗旨，注重教学过程、强调质性评价，提倡评价目标与主体多元，强调参与和互动，关注个体差异等特征。按此建立起来的评价指标体系不仅是评价者评价的依据，而且是被评价者设置活动计划、培养科学思想、改进学习方法、提高学习能力和行为的参照。

2. 科学性原则

科学性原则是指建立的评价指标体系要遵循其自身的内在规律，突出评价活动的主体特征；需要进行要素分析或过程分析，要有统一的分类基准，各项指标之间互不相容、不重叠、不交叉，提高评价的信度与效度。

3. 简约性原则

简约性原则是指评价是一个动态的生成过程，很难全部反映这个过程的诸多因素及所有情况。因此，评价的指标体系要能够抓住主要矛盾，突出评价重点，而不应该面面俱到。内容要简约，便于理解和操作。

（三）对学生作品的价值评判

我们可以根据科学探究活动的性质、特点和一般规律来分析评判学生作品的价值。教学评价具有导向性，不仅仅是方便教师去评价学生提交的作品，也要有利于学生设置活动计划、改进创作方法、提高作品质量。

1. 提出问题的价值

提问的价值判断是指学生能在日常生活或学习情景中发现自己要探究的问题，所提出的问题要有一定的探究价值。如某学生提出问题：电池废弃后给人类环境带来了污染，废电池对动物生活有哪些影响？显然，该问题是具有探究价值的。

2. 作品的科学性、创新性价值

假设和检验假设的思路要正确，主题明确，观点鲜明，计划详细，符合实际，方法恰当，材料选择优化，结果与结论之间符合逻辑，这是科学性的价值体现；针对某种情景问题开展有价值的探究，得到的作品形式新颖，或者制作（或实验）方法有创新，不落窠臼，有自己的见解，这是创新性的价值体现。这两种情况的例子能列举很多，这里不再赘述。

3. 作品的实践与规范性价值

通过作品能表达学科知识与生产或生活实际的结合点，反映学科教学中的概念、原理或规律等，研究（操作）过程切实可行，数据真实（有原始记录），或可操作性强，思路（结构）清晰，结构合理，严谨规范，这就是作品的实践和规范性价值。比如学生制作一个尿液形成过程的模型，他能将肾小球滤过作用和肾小管重吸收作用的书本文字，通过建构模型来表达，体现学生对书本知识的理解、运用和再加工能力，具有实践价值。

4. 学生独立（或合作）工作能力表现

作品能够体现学生独立工作的能力。若是小组完成的作品，能够体现明确的分工与合作能力。

5. 表达方式的合理性

即将自己的探究活动或制作过程，通过恰当的方式表达交流，比较容易地被倾听者或参观者接受；布局（制作）合理，美观整洁，节能环保。如用废纸、落叶等制作模型，比用绿豆、大米或橡皮泥更环保。

（四）评价的指标体系

评价的指标体系是通过使用一定的评价量表来实现的。我们要对影响评价的各要素进行综合分析归纳，抓住主要矛盾，突出评价重点，建立统一的分类基准，让各指标之间逻辑层次清晰，互不重叠，内容简约，方便师生操作和评分。由于学校（或年级）和区县（或市）对学生作品质量评价的侧重点不同，建议分别采用两种不同的评价量表。

1. 学校（或年级）评价量表

为了使评价结果更为客观，缩小差异，我们一般不建议开展以班级为单位的评价，而是组织学校（或年级）评价。此量表不但要对学生的作品质量加以评价，还要对学生参与开放性考试的过程加以评价，适宜采用连续的数字计分。评价项目包括科学性、创新性、实践与规范性、独立（或合作）能力、交流与表达能力等。

2. 区县（或市）评价量表

此量表只需对学生作品的优劣进行评价，而对学生参与开放性考试的过程，似乎不必过多关注。虽然每个学生都提交有反映制作过程的体会，但其主观性强，只能给评委参考。根据可测量的表现性评价理论，区县（或市）学生作品的评价量表比较适宜采用间断的五个等级评价。评价项目包括作品的科学性、创新性、实践与规范性等。

（五）学校（或年级）评价量表的使用及后续处理

学生作品完成后，要求学生对照评价量表，经小组讨论评估后，在自己作品的右上角写出自评分。可以预定某周或某天，学生将各自作品送至校内某个指定地点，按年级分区分班集中展览。组织者要在每个作品的左上角统一编号，再根据编号印制作品清单簿。

邀请学校领导、任教老师、家长及社区人士参与，成立由若干人组成的评委会。为了考查学生的表达交流能力，学习小组可以合作与分工，通过演示、操作、讲解等方式推介作品的价值与创新点，甚至邀请评价者或观众参与操作。这里要明确评价的主体，体现小组的意志。学生也可以小组为单位参与评价，给每个作品打分或推荐优秀作品。组委会收齐所有作品清单簿，经数据处理后得到每件学生作品的平均分。

当然，如果某个作品是学生个人独立完成的，评价的结果就是学生个人的非纸笔成绩；如果某个作品是学习小组合作完成的，则评价的结果只能代表这个作品的得分。这时该小组还要根据作品的得分进行小组再评价，来确定每位学生的非纸笔成绩，这也是小组内个人之间互评、自评与反思的过程。

各学校按照每班1份的比例挑选优秀作品参加区县级作品评选活动。

（六）区县（或市）评价量表的使用及后续处理

区县（或市）级开放性考试学生作品评比的组织工作包括展厅布置、作品收集、评委打分、作品成绩统计等。为了评委打分和统计的方便，应该统一各学校送展作品的数量与标签的规格，还有作品编号、电子表格规格、作品上送要求、时间、地点、送展作品的学校代号等。还要成立专门的专家评审组，一般由本区域特约教研员和骨干教师组成，他们的专业水平较高，在区域教学中具有一定的影响力，其评价结果易于被人接受。一般是特邀评委9人，分3个小组实施评价。区县级组织评比后还要将评比结果加以公示，并按规定比例选送优秀作品参加市级评比。

区县（或市）级评价量表的统计比较复杂。由于每位评委给学生作品的评价是等级分，所以，不能用简单的数字相加来求算术平均数的方法，而应该运用教育统计学的方法来解决这一问题。

1. 学生作品等级的评定

我们可以使用"平均等级的数量化分数"的方法。这是因为，有时对某些作品或事物的评定，虽然有严格的频度标准，但它却不像客观性测验或统考评价那样，对于答案的正误、优劣有十分明确的界限。由于受到评定者主观因素（如审美观或对评分标准的把握不完全相同）的影响，对同一作品或事物，不同评定者会给予不同的评定等级。

2. 对评价者的再评价

这一问题的提出，源于某位教师的一封投诉信。该教师认为，他所选送的学生作品质量很高，只被评为二等奖，而另一件学生作品，质量一般却被评定为一等奖。于是，他对评审小组成员的评定结果是否公平提出了质疑。这就提出了对评价结果要进行再评价的问题。

区县级评价以各评委回避本学校本任教年级的原则来交叉分组。各评委相互监督，严格地按评价量表对学生作品逐个独立评分。不存在故意拉抬或压低某件学生作品评分的情形。

我们可以运用统计学原理来解决这个实际问题。当具备相关关系的两个（或两个以上）变量以等级次序表示时，可以通过肯德尔和谐系数来描述这些变量之间的一致性程度。以上述投诉为例，我们可以把有疑问的一等奖学生作品作为中间项，抽取前后序列中连续5份，采用对肯德尔和谐系数进行校正的方法，检验三位评委评定结果的相关程度。

（七）问题与展望

在实践过程中，我们发现，在中学生物学开放性考试的评价工作方面，也出现了一些问题。

1. 对评价性质认识模糊

开放性考试有别于学科竞赛，但个别学校指定一些学生制作作品参加区级评比，把它当成学科竞赛来对待，这违背了广州市初中学生学业成绩评价的基本要求；有的学校老师放弃开放性考试，只搞实验考试，虽然并不违背上级文件要求，但学生的探究能力得不到应有的发展。

2. 对课程结构存在认识误区

初中生物学在部分地区是非中考科目。有的学校领导认为，该项考试占用课外时间，影响中考科目成绩；个别学校乐于调用非生物教师任教生物，导致结构性缺编，这些教师难以对学生进行有效的专业指导；或者生物教学设备配置不够，难以有效地开展教学实践组织与评价活动。

3. 组织工作面临较大困难

学生制作的许多作品是在课外完成的，有些野外活动存在学生安全问题；学生自评、互评和教师评价时，数据处理量比较大，需要教师具有较强的计算机操作能力，也考验教师的敬业程度和工作责任心。

瑕不掩瑜，中学生物实施开放性考试，顺应了课程改革的发展，促进了教学评价机制的革新，促进了学生学习能力发展和教师教学专业发展。番禺区正加强检查与督促，积极推进该项工作纳入学校综合评估指标体系，使这一教学评价方式不断深入和完善。

第九章

基于核心素养的中学生物学教学研究活动

第一节　促进中学生物学能力发展的教学改进

对于知识传递导向的教学来讲，若不注重学生学科能力的培养，则无法有效地达成生物学教育的根本目标。为了有效地促进学生生物学能力的发展，有必要针对促进学生生物学能力发展的教学系统开展研究，从而为培养学生生物学能力的教学实践工作提供参考和借鉴。

一、教学改进的指导思想

促进学科能力发展的教学设计系统包括理论基础和指导思想两部分。

建构主义是深化教学改革的理论基础。传统的教学模式以教师为中心，教师向学生灌输知识，学生作为认知的主体却只需要被动地接收信息。建构主义则强调以学生为中心，强调的是"学"，更注重学生作为学习的主体在学习过程中认知的变化与发展，其观点与学生的生物学能力发展特点相契合。因此，在开展促进学生生物学能力发展的教学研究过程中，我们将建构主义作为其核心的理论基础。

在建构主义理论的基础之上，结合生物学能力的内涵及发展特点，笔者又进一步提出了开展相关教学研究的指导思想，将其贯串于整个教学研究和教学实践的过程。

（一）教学设计的理论基础——建构主义

建构主义强调学生在情境中建构知识。知识的建构过程显然比知识的传授过程需要用到更多的能力。例如，科学解释、科学推理、设计实验需要建立知识间的远联系，还涉及复杂推理和创意设计。知识在传输的过程中，学生往往不需要进行这些复杂的思维活动，只需要作为信息的终端被动地接收信息。因此，知识的建构是培养、发展学生生物学能力的极有效途径。

建构主义理论的代表是皮亚杰的认知发展理论和维果茨基的社会文化理论。皮亚杰认为认知发展依赖于四个因素：生物学成熟、有关物理环境的经验、有关社会环境的经验、平衡。其中前三个因素的作用效果依赖于第四个因素。平衡指在认知结构和环境之间生成一种最佳平衡状态（或称为适应状态）的生物驱力。平衡是认知发展中的核心因素和动机力量。它将另外三个因素的作用协调起来，使内部心理结构与外部环境现实一致。

平衡是一种内在的、器质性的属性，因此存在不平衡或认知冲突时，会出现认知发展。学生的观念与所观察到的事实无法匹配时，平衡通过同化和顺应来解决冲突，学习也因此发生。

建构主义理论的另一代表——维果茨基社会文化理论，强调有社会性意义的活动对人类意识的影响的重要性。维果茨基认为社会环境对学习很重要，社会环境通过文化产品、语言和社会机构来影响认知。维果茨基强调人与周围环境之间的相互作用对认知发展的作用。

最近发展区是维果茨基提出的一个重要概念，是指实际的发展水平与潜在的发展水平之间的差距，前者由独立解决问题的能力决定，后者是指在成人的指导下或是与更有能力的同伴合作时，能够解决问题的能力。

（二）教学改进的指导思想

为了提高教师培养学生生物学能力的教学能力，从而促进教师的专业发展，基于生物学能力构建和学习理论的研究，教学改进研究工作分别从教学理念、教学目标、教学情境、教学内容、教学过程、教学评价六个方面提出了以下几点指导思想。

1. 熟练掌握并深入理解学科能力体系

要促进学生生物学能力的发展，首先要保证教师对生物学能力有全面深入的理解。大多数教师都认为培养学生的能力非常重要，但是由于他们对"能力"一词的内涵不够清楚，概念理解过于笼统，导致在实际教学工作中感到无从下手。因此，在教学改进过程中，首先要做的就是向教师解读生物学能力的概念内涵和意义，以及生物学能力体系的构建依据及构建过程，帮助教师明确生物学能力的构成要素，通过追根溯源，确保教师对生物学能力有深入和系统的理解，真正拓展其专业知识，实现专业成长和职业素养的长足发展。避免教师在教学改进过程中，因为缺乏背景知识而不能独立思考，只是机械地服从专家指导。

2. 将提升学生学科能力纳入教学目标

教学目标指导行为。在课标的要求下，教师体现在教案上的教学目标有着标准的模式：知识目标、能力目标、情感态度与价值观目标，每一个维度用一句话简单概括。这里面虽然也提到了能力，但是往往很笼统。所以在教学设计之初就希望教师将学科能力的培养写到具体教学目标中，将教学目标细化，例如某节课希望通过某个具体教学环节或某个教学活动培养学生的某种或多种具体的学科能力类型。在制定知识教学目标时，教师将生物学能力整合到目标中，既能体现出学生学习的路径（事实、简单概念、概念结构化、应用），又能体现出教学的主线。因此，将生物学能力融入教学目标的制定中，能够为教师的教和学生的学提出明确的方向，具有很强的操作性。同时，这种整合生物学能力的教学目标表述方式也便于课后对教学目标的达成情况进行有效的诊断。

3. 注意教学情境的设置，营造以学生为中心的氛围

建构主义强调学习的情境性，情境的创设和运用可以给学生提供刺激性的背景信息，从而激发学生的好奇心和发现欲，引发认知冲突，并为学习赋予一定的意义。

需要注意的是，教学中创设的情境的难易或复杂程度，需要与教学所要培养的具体生物学能力要素相匹配。情境的难易与学生对其的熟悉程度有关，情境越熟悉对于学生来讲越简单，反之越难。所以，在培养或评价学生的学习理解能力时，使用的情境应该是课本上出现过的原型情境；在培养或评价学生的应用实践能力时，适合使用与课本原型情境相似的熟悉情境；创新迁移能力的培养和评价则需要创设学生较为陌生或复杂的情境。

4. 注重以概念构建为载体，促进学生的生物学能力发展

生物学能力是按照学生学习规律而构建的能力体系，反映学生在概念构建过程中的学科思维能力。要培养学生的生物学能力，教师要明确学科核心概念学习与思维发展之间的关系，学科的知识内容承载着学科特别的思维方式。那么怎样将学科知识与学科思维建立联系呢？答案是使学生超越对知识表面化的记忆，帮助学生通过思维理解知识、应用知识，在知识的基础上进行创新。如果不通过思考进行知识内容学习，学生只是按照常规的顺序记忆内容，这种学习仅仅是停留在表面上的，是低水平和无效的，学生难以构建深层次的认知结构，无益于生物学能力的培养。

从当前概念教学的理念来看，学生需要在学习生物学的过程中，基于事实构建概念，学习的策略是多种多样的，如动手实验、探究学习、科学史的分析等，这些学习路径的目标不仅仅是构建生物学概念，还能够培养学生的多项生物学能力，如观察、分类、推理、科学解释、科学探究等。因此，概念的构建与生物学能力的发展是相辅相成的，二者相互促进。

5. 创造认知冲突，运用多种教学方法切实促进学生生物学能力的发展

建构主义认为认知冲突对认知的发展至关重要，因此在教学过程中教师应该了解学生的认知水平，在学生的最近发展区之内给学生制造认知矛盾，解决认知矛盾的过程就是学生认知发展的过程。在教学过程中教师可以通过多种方式创造认知冲突，例如在旧知识与新知识的连接处进行提问，在某一内容主题下设计由浅入深的问题，通过生活中的实例引出学生的原有想法或概念等。

教学过程是培养学生生物学能力的关键环节。目前使用最多的教学方式是讲授法，讲授法的优点是不可否认的，可以高效率地传授知识，从而使学生在短时间内掌握大量的知识。但是讲授法在培养学生的生物学能力方面是有很大局限性的，因此在教学中教师应该灵活使用多种教学方法，如发现式教学、探究式教学、合作学习等，从而全面和有效地发展学生的生物学能力。

6. 运用多种策略综合评估学生的生物学能力表现

评价方式必须反映学生的学习类型。传统的学生评价方式有小测验、单元测试、期末考试等，评价结果主要反映的是学生在知识方面的掌握情况，很难体现学生真正的生物学能力发展水平。因此，在评价学生的生物学能力时，需要根据生物学能力的理论框架结合相应的内容主题专门开发特定的题目或任务，并按照能力发展水平设置分等级的评定标准。此外，在开发评估学生生物学能力的题目或任务时，还需要考虑到情境这一重要因素。相较于关注学生的答案，建构主义理论指导下的评价工作更关注学生回答后的下一步措施，这种实时的评价方式可以引导教学和学习方面的决策，但也很具挑战性。供教师在课堂教学过程中使用的评价方式有：直接观察、设置问题、书面回应、访谈、实作评价等。每种评价方式都有各自的优势和局限性，因此，在实际工作中需要综合运用多种评价方式，以有效地评估学生的生物学能力发展水平。

二、教学改进的方法和程序

以促进学生生物学能力发展为目标的教学改进研究，需要以建构主义理论为依据，在教学实践中切实培养和发展学生的生物学能力。在教学改进工作中，为了确保教学效果，需要从备课、试讲、效果检测等多方面进行科学和系统性的设计。这一节针对如何科学和有效地开展教学改进研究，提出了相应的工作流程，为广大生物学教师的教学实践提供参考。

（一）教学改进研究流程

对于促进学生生物学能力发展的教学改进工作来讲，就是在传统的教学流程基础上，进一步精细化，凸显学生生物学能力发展这一核心任务。

在促进学生生物学能力发展的教学改进研究中，根本目标是促进学生的生物学能力发展，而教师是执行教学改进工作的主体，因此，教师首先要对生物学能力的理论框架有较为深入的理解。

学科知识本体分析属于备课的一个环节。在分析知识时，需要从单元或模块的层面进行整体分析，其目的是梳理相关知识的内在逻辑关系，构建整体的知识框架，这将有助于从学科整体的角度认识相应教学改进主题内容在生物学内容体系中的地位和作用。

在实际工作中，可通过课前能力测试和学生访谈的方式来确定具体的学科能力目标。对于课前测试来讲，测试内容可以选择学生已学的概念，而能力指标则以教学改进内容主题所承载的学科能力为主，辅以观察记忆、归纳概括等学科能力成分。在测试后，还需要对学生进行访谈，以了解学生的真实思维过程。这种有针对性的测试可以从整体上推测学生的学科能力水平，为教学改进提供切入点。

任课教师根据以上对学情的判断，先确定教学目标，再设计相应的学生学习活动，这些活动重点应该围绕教学改进能力项来设计。在完成教学设计后，任课教师通过说课的方式向研究团队介绍具体的目标设定、教学设计思路和主要的学习活动；然后就教学目标设计的恰当性，活动设计的针对性，是否能够有效地培养相应的改进能力项等问题，进行深入的研讨，基于讨论的结果对教学设计做进一步的完善。

为了确保教学设计的有效性，接下来的工作是选择一个班进行试讲，将教学设计的思想切实落实到真实的课堂教学中。在此过程中有研究团队现场观摩听课，记录任课教师的课堂表现。课后针对教学目标的落实、课堂教学活动的组织，以及教学改进能力项的改进效果等方面进行研讨，基于讨论的结果，再次修改教学设计。

接下来的环节是按照修改后的教学设计在另外一个平行班进行正式教学实施，教学结束后，再对两个班学生的改进能力项的具体表现进行后测。后测的内容范围主要为本主题或单元的教学内容，而测试的学科能力以教学改进的能力项为主，辅以观察记忆、归纳概括等基本的生物学能力。通过对对照班和实验班生物学能力前后测结果的对比分析，确定最终的教学改进效果。

根据以上分析可以看出，教学改进的全部工作流程从设计上能够保证科学、严谨，最终通过数据说话，确定教学改进的真正效果。教学改进过程中每个阶段的具体工作可以归纳如下。

1. 第一阶段——准备阶段

（1）生物学能力体系解读及教学内容和目标的确定

①解读生物学能力体系。②确定教学改进的内容主题及课题名称。③内容主题知识的本体分析，及其所包含的学科能力分析。④授课教师依据学科能力表现指标进行学情诊断。⑤授课教师确定能力教学目标。⑦授课教师为研究团队提供以往的相应主题的教学案例。

（2）学生生物学能力水平前测

① 前测试题命制及讨论。②前测实施。③研究团队对前测数据进行分析并进行学生访谈。④生成诊断报告。

（3）完成教学设计初稿

授课教师针对前测的诊断结果完成教学设计初稿。

2. 第二阶段——改进阶段

（1）针对设计初稿的讨论

① 授课教师对教学思路及教学活动进行说明。②专家团队针对设计初稿展开讨论。③针对专家建议对教学设计进行修改。④进行课件制作。

（2）面向专家团队的试讲

① 授课教师给出改进建议。②针对专家建议对教学设计进行反思并进行第二轮修改。

（3）正式授课

① 授课教师进班授课。②课后学生访谈。

（4）学生生物学能力水平后测

① 后测试题命制及讨论。②后测实施。③研究团队对后测数据进行分析并进行学生访谈。

3. 第三阶段——总结阶段

（1）整理教学资料

整理PPT、教学设计及教具，形成研究资料包。

（2）教学改进效果分析

对比分析改进前后资料，对比前后测数据，整理访谈资料，进行结果分析。

（二）测试工具的开发

为了保证测试试题能够很好地反映学生的生物学能力水平，反映教学改进的真实效果，前测试题与后测试题的测试内容可以有所不同，但是测试的学科能力成分和整体难度及测试时间都大致相当，尽量排除无关因素对能力测查的干扰。另一方面，测试题要尽量是原创的，要有一定的新意。此外，如果整套试题所测试的能力涵盖多个学科能力要素，那么教学改进的目标能力项所占比例应最大。

在教学改进研究工作中，主要按照以下五个步骤命制前后测试题。

第一，首先确定前后测的内容维度和能力维度。根据工作计划，后测安排在正式讲后的一个月进行，如这一个月中的教学内容主要为有丝分裂，因此前测试题的内容维度则选定为有丝分裂，在能力维度方面，则主要根据教学内容本体分析及其所承载的学科能力教育价值而定。

第二，确定双向细目表。根据以上确定的内容维度和能力维度，编制前测和后测的双向细目表。

第三，建立试题库。试题来源有两种，一种是改编成题，即在已经公开使用过的题目中，选择符合测试内容和能力的题目，然后根据需要做适当的改编，以防学生由于做过相同的题目而影响测试结果的准确性。另一种试题的来源是原创，研究团队通过收集资料，以相关科学文献、科学类杂志、科学类新闻报道等作为命题素材，创设情境，这类题目由于是原创性的，对于学生来讲是陌生的题目，因此，对于测试学生的生物学能力来讲效果相对更佳。

第四，研磨试题，根据双向细目表确定前后测试卷的题目，然后由命题组专家与教研员和任课教师共同研讨磨题，对题目进行修改和完善。

第五，组卷。利用修改后的题目，组成前后测试卷，在组卷过程中注意前测与后测中的锚题设计，以便于对测试结果的分析。

（三）教学改进效果的检测

教学改进的效果如何，主要以两个方面的数据作为依据进行判定。一方面是前后测中学生物学能力的变化，另一方面是对学生访谈结果的分析。

在前后测的结果对比方面，主要是针对教学改进的目标能力项进行分析，首先统计前后测两个班学生在该目标能力项上的平均得分率，然后通过配对样本的检验，分析得分率是否具有统计学上的显著性变化，从而确定教学改进的效果。

在学生访谈方面，主要分析学生利用所学内容主题的知识在相应学科能力项上的表现情况。

第二节　中学生物学教学的说课技能

一、说课技能概述

（一）说课概念

由于说课简便易行，也能较好地检查教师的教学基本功，体现教师的教学思想和教学设计风格，有利于选拔素质优良的教师，还能够考查教师的教学技能，目前已作为用人单位在招聘面试中的一种重要手段和教学技能比赛的一种常用形式。

（二）开展说课活动的意义

开展说课活动，意义在于：①说课是促进教师教学理论水平提高的有效手段；②说课是促进教师课堂教学技能提高的有效手段；③说课是检验教师和师范生教学能力的有效手段；④说课是增强在校生毕业后就业竞争力的有效手段；⑤说课对新一轮基础教育课程改革起到了积极的推动作用。

（三）说课的优点

说课与其他教研活动相比，具有以下四个突出优点。第一，机动灵活。说课不受时间、地点、教学设备的限制，可随时随地进行，也不受教学对象和参加人数的制约，只要两个人以上即可进行。第二，短时高效。单纯的说课一般时间较短，10～15分钟即可完成，但内容十分丰富，既包括教师对教材的理解掌握和分析处理，又包括教法设计；既要说清怎么教，又要讲出为什么。第三，运用广泛。说课的运用很广，领导检查教师备课、教师间研究教学、评价教师的教学水平、开展教学技能竞赛等均可采用说课的方式。第四，理论性强。说课的理论性很强，能充分体现教师的教学思想。上课是实践性的表演，说课是理论性的分析，教师没有一定的理论水平，是说不好课的。

（四）说课的功能

说课除了具有上述优点外，还具有以下功能。

1. 检查功能

领导可以通过教师说课，检查其备课情况，指出存在的问题，促使其修改教学方案，进一步提高备课质量。

2. 评价功能

通过说课，可以评价教师的教育教学理论功底、专业知识掌握程度和业务能力，进而综合评价教师的教学水平。同时，说课得答辩，通过答辩，能更真实、更准确地测试出教师的理论知识水平。

3. 培训功能

教师说课需要说清教材分析和处理、教法设计，还需讲出做法的依据，这就必然促使教师去钻研教材、钻研教法、学习教育教学理论，使自身业务素质不断提高。

4. 研究功能

说课与评"说"是紧密结合在一起的，说者在说前需要深入研究，评者要给予点拨、指导评价。说评结合，共同总结教学经验，使教师由实践上升到理论，促使教学研究进一步深入，为培养科研型的新型教师打下基础。

（五）说课的类型

说课按目的大致可以分为如下几种类型。

1. 检查性说课

即领导为检查教师的备课情况而让教师说课，此类说课比较灵活，可随时进行。

2. 示范性说课

即学校领导、教研人员、骨干教师共同研究，经过充分准备后进行的说课，一般选择素质好的优秀教师来示范。目的在于为教师树立样板，提供学习的榜样，以利于教师提高说课的技能和教学能力。

3. 研究性说课

即为突破某一教学难点，解决教学中某一关键问题，探讨解决方法而进行的说课。此类说课往往和授课结合，课后再深入进行研究，并将研究结果形成书面材料。

4. 评价性说课

即通过说课对教师的教学水平给予评价，常用于开展各类竞赛活动。

（六）说课有别于上课的六个特点

说课与上课都是关于一节课的教学，但说课有其自身的六个特点。

1. 时间不同

说课一般只有10～15分钟的时间，上课有40～45分钟的时间。

2. 手段不同

顾名思义，说课只能靠说，往往只允许口头表述，在说课比赛中可以使用课件演示；上课可以选用课件，以讲授、讨论、谈话、演示、实验等形式进行。

3. 目的不同

说课的评委与领导可能是别科教师，语言的形象生动、深入浅出至关重要；上课是让学生听懂就行，不行还可以通过其他形式来弥补。

4. 对象不同

说课的对象是评委、领导或同行，教师是被动的，受检阅的；上课的对象是学生，教师组织教学、实施教学活动，有主动权。

5. 内容不同

说课的内容是教材怎么上，为什么要这么上；上课则是把自己预先设计好的教学任务完成就行了，没必要向学生解释理由。

6. 方法不同

说课是以教师自己的解说为主，回答评委或领导的提问就算完成了；上课是师生的双边活动，需要在教师的指导下，通过观察、讨论、讲述、探究等形式才能完成。

可以这么说，说课说得好不等于上课上得好，毕竟说课的环境和要求有别于上课。但是，掌握说课的一些技能有助于提升教师的说课能力，提高面试或竞赛的竞争力，给领导、评委和同行留下一个好的印象，获取好成绩。

二、生物学教学说课

（一）说课的一般内容

1. 说教材

说教材是指对教材做一个简要的分析。首先说明本节课在教材中的地位和作用，是一章的引入部分，还是承前启后的部分，抑或是本章的小结部分，给听者一个交代。然后说出本节课的三维教学目标，即知识目标、能力目标、情感态度与价值观目标分别是什么，在这三维目标中，哪一维目标又是最重要的，三维目标要准确、具体、切合学生实际。最后说出本节课的教学重点和难点，最好说明某个知识是重点或难点的理由。一般来说教学重点和难点是相对固定的，这可从教参中找到，往往教学重点又是教学难点。说完以后要对教学内容的安排做一个说明，要不要对本节课的内容进行调整，有无必要补充，用简洁的语言介绍就可以。用教材是新课程提倡的一个理念，根据教师对学生的了解或推测，还有对教学的研究，可以对教材的知识顺序、呈现方式做适当调整，当然，这也显示出了教师的专业水平，从中能看出教师对教材的钻研能力和对学生情况的熟悉程度。

2. 说教法

说教法，即教师要讲清楚将怎样组织教学，怎样调动学生学习的积极性。通常来说，教学中讲授法用得最多，谈话法、演示法、实验法、小组讨论法等用得较少。但讲授法应当采用启发式教学，注意设计问题情境，以问导学，以情诱学，激发学生动脑、动手、动口，避免满堂讲、满堂问，要有问有答，一环扣一环，循序渐进，让学生投入教学活动中，情感融入问题探究中，让课堂焕发生机与活力。情境教学在近年比较风行，难在问题情境的设计上，难在如何根据教材的实际，把生活、生产中的实例或科学研究的片段（也可以是生物实验的过程或现象）引入课堂教学，引发学生思考，让学生带着问题去思索、去讨论，让学生在课堂上有事做，教学双边活动活跃，信息交流畅通。

3. 说学法

学生的学习活动直接关系到教学的成效。指导学生科学地学习有利于教学活动的顺利开展，有助于学生理解和掌握知识、发展能力、提升素质。理科特别强调知识的逻辑思维的培养。"理"者，道理也。道理来自对知识的理解和灵活运用，不会运用所学知识就是死知识，读死书。教师要简要说明如何安排学生看书、讨论、小组合作的分工、练习的要求，以及课后需要学生完成的作业或拓展练习，把新课程的理念较好地体现出来。需要注意的是，当前的生物学教学，不管是初中还是高中，课堂学习都应注重对知识的比较，而运用列表比较知识的异同点是常用的手段。对知识的联系强调得也比较多，一是前后知识的联系，教会学生运用已学的知识构建未知的知识，形成知识线索，让学生明白知识的来龙去脉；二是生产生活中的现象与书本知识的联系，理论联系实际，让学生能学以致用。生物来源于生活，生活蕴含生物，两者是密不可分的。我们还要教会学生善于归纳总结知识，把知识条理化，形成知识网络，提高知识的综合运用能力。

4. 说教学过程

教学环节要详细介绍，具体内容可以概括介绍，还要说明安排的理论依据（课标、学生认知还是知识的逻辑性的原因）。一般的说课都是针对新课型，较少涉及复习课型。对于新课型的教学过程，需从导入新课、讲授新课、课堂练习、知识归纳总结和作业布置各环节来说明设想。

导入新课一般有四种方法：设置问题情境、进行课堂小测、通过复习旧知识引出新知识、直接出示教学目标引入新课，前三种方法在说课中常用。问题情境的设置应注意典型性、通俗性、针对性，紧扣教材内容来展开，切忌太泛、太大。问题情境设计得好，可以给评委一个很好的印象。回顾旧知识，引出新知识也是常用的手段，容易被大家接受，在短时间内也容易想出来，难度不会太大。

讲授新课要讲清各个知识点的衔接，师生双边活动的大致安排，重点知识的解决办法（问答形式、讨论形式、练习形式），难点内容的突破策略（例题讲解、类比、图像帮助、动画展示等）。各个知识点之间的衔接水平也就是教师对教材的理解水平，反映了教师的专业素养是否深厚。重点、难点的策略运用则反映了教师对教学原理、教学方法的掌握和运用水平。对于非生物学科专业的评委来说，知识点的处理可能不是最重要的，但他们对教学活动的安排是否合理是比较看重的。

练习安排可以是在各个知识点讲完后插入，边讲边练，也可以在几个知识点讲完后再进行，练习也是课堂教学反馈的重要来源，除了提问，就是练习最能看出学生的学习效果了。教师一定要设计好提问与练习的安排，通过提问，让评委、领导明白教师想得到什么信息，想如何调整教学策略，以及对本节课的驾驭水平。

归纳总结可以结合提问或练习来进行补充、完善，也可以以教师强调知识的逻辑关系或知识的重点、难点的形式来进行。

课后的作业布置或课后的活动应视内容做灵活的安排，只需做简要的说明，不用太详细。

说教学过程的时间大约占了说课总时长的60%～70%，这个环节需要说课者慢点说，交代清楚教学过程的安排和这样安排的理由。说课的各个环节不求面面俱到，如果每个环节都说得面面俱到，时间会不够用，重点不突出，特色也无法呈现出来，不能给人好的印象，有可能让得分达不到理想的水平。在具体步骤的设计上，导入新课要新，教学过程要奇、实，教学结尾要巧妙。对于教学的重难点，要组织教学高潮，形成教学特色。

（二）说课的基本要求

1. 语言简练，层次分明，重点突出

说课的对象是评委或领导，说课的时间不宜过长，一般情况下不要超过规定的时间。一节课的教学设计内容很多，所以说课中应突出重点，抓住关键，防止面面俱到、无主次地泛泛讲解，尤其是对本节课的知识教学，应将重心放在重点、难点知识的分析和教法设计上。

2. 重点内容应明确具体，说理透彻

说课应围绕教学目标的确定，教材中重点、难点分析，重要知识点的教法设计和整体教学设计以及巩固训练等主要内容进行，并且解说得清楚明白，分析得透彻，论证具有说服力。

3. 理论与实践有机结合

说课与上课不同，它不仅要讲"教什么""怎么教"，更重要的是说明"为什么"，这是说课的精要所在。说课的三个方面的理论（教育学、心理学的相关理论，学科教学的专业理论，体现各级各类学校的特色理论）要随说课的步骤有机提出，使教例与教理有机地融为一体，防止穿鞋戴帽，油水分离。

4. 神态自然，富有激情

说课时说课人应具有稳定的情绪，心态平和，不急不躁，不要把后面的评委或领导看成裁判或命运主宰者。说课过程中要求说课人充满激情，用激情感染听众，打动听众，让听众感受到说课人对教育事业充满热爱，无限向往。

（三）说课中容易出现的一些问题

前几年，各地都热衷举办说课比赛，现在只在招聘教师时或者学校内部有说课的比赛，毕竟它不容易真实地检查教师的教学能力和教学智慧，展现教师的独特魅力。教师招聘由于时间限制，人数众多，说课是一个考查教师基本功的好方式。从笔者本人近年当评委的经历来看，说课者在说课时容易出现的问题有如下九个方面。

1. 三维目标的表述不准确

因为没有钻研教材，对内容不了解，对教参的内容看得不认真，说课者往往掺杂自己的见解，从而使列举的三维目标不准确，不是遗漏就是增多。

2. 重点知识的解决效果不好

有些教师不能通过比较、比喻、举例、知识联系、图像、练习等的策略来强化知识，语言解释不够清楚，导致重点不突出。没有教学经验的教师，对一些教学过程缺乏研究与真实体验，无法在短时间内想出有效的教学策略。

3. 难点知识的突破不到位

对于难点知识缺乏化解的办法，不能有效运用实际例子来帮助学生理解，不能使用图像、动画等手段来突破理解的瓶颈，难点还是难以理解，没有有效突破。这主要跟教师平时比较少研究教材，习惯于按照教学参考书的提示、要求去教有关。教师可能认为这个知识点不是难点，过多地站在自己的角度看问题，而不是站在学生的角度来分析问题。所以教师要更多地站在学生的知识层次和思维能力的角度去分析和处理教学问题，从学生的实际出发，认真设计教学问题和教学策略，让学生能听懂、能接受的课才是好课。

4. 时间安排不合理

对教学目标、新课引入等非重要环节讲述过多，对教学过程的讲授环节介绍过少，甚至没有时间来安排练习，没有课堂的归纳总结时间，从而使一节课不完整，说课效果也大打折扣。教学不能眉毛胡子一把抓，说课也不能如此，首先要分清主次，该舍就舍，该详就详，突出重点，理清思路，这比什么都要有效。

5. 多媒体的使用不科学

过多使用多媒体教学，简单的知识也使用课件来教学。现在的年轻教师太依赖多媒体教学，几乎不会用粉笔板书了，但用课件来代替板书，这一媒体使用策略是错的，是浪费资源。课件不一定要一节课从头用到尾。课件的作用本来是帮助教师把抽象、复杂的知识通过媒体的应用转化为形象、具体、比较感性的知识，达到帮助理解的目的，更多的应该是展现动态的变化过程、生物结构的复杂问题和知识的重要问题，帮助学生有效认识深奥的生物世界，揭示复杂的活动规律，总结主要的知识点。

6. 教材内容不熟悉

平时忙于学习教育教学理论，或与中学教学关系不大的知识，对中学教材缺少较深入的了解，在短时间内又无法吃透教材，导致讲授教材内容时吞吞吐吐、结结巴巴或是颠三倒四，还有停留过多时间，甚至讲的知识点存在科学性错误。

7. 教态不自然、不自信

有些人胆子小，平时又缺乏有效的训练，不重视这方面的培养，面对评委、领导，难免过分紧张，手脚发抖，神态不自然、举止不自在，眼睛只盯住一个地方看，不敢看人，使评委和领导对其的印象分几乎都没了。也有些人碰到不熟悉的环境或自己不太认识的人，心理压力就大，表现往往失常。这些毛病一定要在平时进行有意识的纠正。良好的教态都是历练出来的。

8. 教学各环节的安排不切实际

没有了解现在多数中学的实际，平时可能也不太接触中学课堂教学，把大学学到的教学理论生搬硬套，或把全国的名校做法照搬进来，脱离实际，也有对学生要求过高的，让评委、领导不能接受，不敢认同。

9. 板书缺失或者是字迹潦草

说课虽然只用说，但往往还会要求作简单的板书。有些招聘特意在教室里进行，但应聘者忽视了板书环节，如果被要求补充板书则发现板书的字迹潦草，这又给了评委、领导一个不好的印象。现在电脑普及，粉笔板书也不被重视了，教学基本功不扎实，这是当前的通病，教师们要尽量克服，利用平时的零散时间练好硬笔字和粉笔字，以备日后派上用场。

（四）说课的准备

1. 知识准备

（1）熟悉课程标准

生物学科新课程标准是指导学科教学的纲领，教材是根据其编写的，这一点说课教师往往忽略。说课前，教师一定要熟悉新课程标准，掌握它所规定的教学任务、教学目标以及各年级的教学要求、教学中应遵循的原则，尤其是要根据教学内容分析课程标准所规定的教学目标。离开新课程标准的具体要求，说课就会迷失方向。

（2）钻研教材

教师要熟悉所说教材的编写意图和教学目标，了解知识的承接性和延续性，对知识系统的内在联系要做到心中有数，还要掌握本课在本册书中所处的地位和作用，明确重点难点。

（3）涉猎边缘学科的知识，扩展知识视野

具备多学科、多层次的知识结构，这样教师才可以在本学科的天地里游刃有余，使说课具有深度和广度。

2. 理论准备

说课的理论性很强，教师没有一定的理论水平，是说不好课的。说课一定要在理论指导下去研究教学内容的分析、过程的设计、教学方法的运用，否则说课就没有高度，就是无本之木。因此，教师在说课前要针对教学实际需要，有计划、有步骤地学习教育学、心理学、学科教学法等有关理论。

3. 技术准备

要想说好课，首先要明确说课说什么。关于说课的内容，没有什么固定不变的"框框"，通常包括说教材、说教法、说学法、说教学过程四个方面。

说课要求教师不但要说出怎样教而且要说清"为什么这样教"，即理论依据（包括课标依据、教学法依据、教育学和心理学的依据等），使听者既能知其然，又能知其所以然。

如果有条件提供多媒体教室，教师应该提前做好课件，把主要的说课内容反映到课件上，配合自己说课的需要，让评委和同行更加清楚说课人讲课的思路和风格，课件可以结合各人的习惯来展示，不一定要搞得很花哨，注意字体大小和颜色，方便别人看就行。

4. 心理准备

（1）充分认识说课的重要性

说课活动是在短时间内较经济的大面积提高教师素质的最佳形式，也是大面积提高教学质量的有效途径。教师要充分认识到这一点，从而积极踊跃地参与这项活动，由压力变动力，积极主动地学习现代教育理论，认真钻研大纲、教材、教法。

（2）增强自信心

由于说课之前已大概圈定了范围，教师已对这些内容做了准备，所以要卸下思想包袱，消除紧张心理，说课时从容自如，同时要正确地估计自己的实力，使能力得到正常的发挥。

（3）注意自我的心理调节

说课没有学生配合，一切靠自己完成，有时可能出现漏洞，这时需要教师具有稳定力、应变力，消除紧张，稳定心理状态，恰当巧妙地弥补。这种自我控制心理能力不能一蹴而就，需要在平时就加以训练。

成功从来不容易，容易从来不成功。在说课之前多学习别人的说课设计，多体会自己从教的经验，多反思自己的教学得失，博采众长，兼收并蓄，相信一定能有理想的回报。

第三节　基于核心素养的听课评课活动

一、基于核心素养的听课评课活动

听课评课是教学研究的基本活动形式，也是教师必备的一项基本功。我国基础教育正从"知识本位"时代走向"核心素养"时代。这也是一个全球性的教育趋势。在这场变革中，学生核心素养的提升，关系着21世纪我国的综合国力。核心素养视域下的课堂教学，教师会不会听课评课，怎样听课评课等直接影响着核心素养能否真正落地。

（一）听课评课活动理论精要

课堂教学过程不是一个简单、直接的素养养成过程，而是一个包含着师生双方丰富的、连续的、积极的体验生成过程，是一个不断变化发展的动态过程。因此，核心素养视域下的听课评课，必须突显学习的意义，力图体现探讨、建构、生成的价值取向，改变以往听课、评课中主要以学科能力为终极价值的取向，不仅注重培养学生自主发展、实践创新、合作探究等关键能力，还要突出培养学生个人修养、家国情怀、社会关爱等必备的品格。

核心素养视域下的课堂，首要关注跨学科的学生必备品格，它们将会成为所有学科课堂教学的文化价值目标，引领课堂教学的总方向；而作为具体课程目标的学科核心素养，则是每一门学科课堂教学的核心教学目标，指导教学活动的展开。前者侧重课堂教学活动文化的建构与发展，后者侧重具体学科课堂教学内容目标的形成与发展，二者共同为中国学生核心素养的发展做出贡献。

除了观察学生，听课者还应观察教师。首先，教师是否转变教学理念，将培养学生核心素养具体化为教学目标，而这一目标一定是具体的，落实到要培养学生何种核心能力和素养层面的；其次，教师对学生核心素养的培养是通过哪些具体的知识或技能传授实现的，这些方式方法是否合理，是否符合学生现实的和发展的要求；最后，看课堂的质量标准，即经历一段时间的教育之后学生在知识技能、继续受教育的基本准备以及适应未来社会等方面的能力是否达到基本水平。

古人云："学而知不足"。对听课者来说，听课评课就是一种有的放矢的学习方式。通过听课就可以"知不足"，听课者在承认自己存在不足的基础上，再找出自己薄弱的地方和改进的方法，这就是学习提高的过程。

作为听课评课者，首先应该善于听取其他教师或学生的意见、观点及有关陈述等，这是探讨的前提，因为任何事情的发生都有一定的原因和背景，只有在了解真实情况的基础上，探讨才有共同的语言，才能得到预期的效果。其次，听课评课者需要强化个人反思。反思对于任何类型的教师来说都是一个提高自律学习能力的有力手段和有效途径。

当然，教师的工作不是孤立的，相互之间的联系、交流、合作越来越密切，因此在听课评课活动中，尝试和开展结合自己教学实践的相互探讨就显得尤其重要，因为这是教师逐步形成问题解决和研究能力的关键。同时，核心素养视域下的课堂教学改革，涉及内容、方式、评价等方方面面，仅仅依靠教师个人的力量是无法达到要求的，这就需要依靠教师群体的智慧，通过相互合作来分享共同探讨的成果。

听课评课中的反思，更多的应是批判性反思。批判性反思既要总结好的一面，又要找出不足的一面，更要提出保留好的与改进不足的具体方法。例如，听课评课者如果强调学生的体验和探究，在听课评课过程中就要思考哪些问题需要体验和探究，哪些问题可以体验和探究等，因为有些问题是没有必要或是不可能进行体验和探究的。著名物理学家杨振宁曾经指出："中国传统教育注重灌输式，美国教育注重启发式，这两种教育方式谁优谁劣，不应该抽象地回答，而应该具体地回答。"在听课评课过程中，听课评课者应该学习和坚持杨振宁的这种批判性反思方式。

此外，听课评课者还要结合听课评课活动，通过发挥集体智慧，提出一定的有针对性的建议、意见和改进措施等，群策群力地解决好当前教学中存在的问题。

（二）听课评课活动实践要点

1. 追根溯源——了解课堂教学的"起点"

任何事物的发生都不是突然的，都是有源头的，是一个循序渐进的过程，课堂教学同样如此。在听课评课过程中，听课评课者不仅要关注教学过程，还要关注课堂建构的"起点"，看教师是如何依托教学资源、学情来设计本节课的。

课程标准是教学的依据，它对不同年龄段学生应具备的素养提出了明确的要求，教师在备课前应做到心中有数。教师在理解教材时，一定要真正吃透教材，找准学生思维的生长点，着眼于学生的最近发展区，正视学生"现有水平"和"可能发展水平"之间的差距，并以此来设计、展开教学。

听课评课过程中，只有了解课堂发生的"起点"，听课评课者的探讨才会在推动学生核心素养养成的视域下进行，才会有价值。

2. 直面问题——寻课堂教学探讨方向

达克沃斯认为，教学主要是帮助学生产生、遵循和发展自己的观念。听课评课活动也是帮助教师发展教学理念与教学能力的重要途径。因此，直面教学中的问题，才能为听课评课找到探讨的方向。下面列举了探究式教学中的两个典型问题。

"全开放"式探究。具体表现为教师否定接受式学习的地位，使每节课或一节课的始终都成为学生自主探究的过程，而不管探究情境是否需要创设，内容是否适合开展探究，时机是否适宜探究。在学生探究的过程中，教师也不做任何点拨、指导，任其发展，使探究活动只流于形式，起不到任何探究实效。

"齐步走"式探究。具体表现为教师不管学生认知能力和水平的差异，在学生进行自主探究时，做出硬性规定或统一要求。这样的探究不但使学优生停步等人，使学困生吃力追赶，也极大地限制了学生思维能力的发展，更谈不上个性化学习。

教师想要成为研究者，在专业化的道路上完善和发展自己，就必须在听课评课活动中，善于反思，总结经验教训，唯有如此，才能提高教育教学水平。

探究性学习中，教师首先要善于创设情境，激发学生的探究欲望。其次，教师还要加强对探究过程的指导或引导，要能正确判断什么情况下可以让学生完全独立完成这一过程，什么情况下要给予恰当指导，什么情况下应加大指导的力度等。教师可把教材中结论性的内容拓展为有利于学生质疑探索、自主学习的知识，给学生提供自由发展的学习空间。只有这样，学生在获得知识的同时，其探究、质疑能力才能得到提高，核心素养才能落实。

教师只有直面教学中的问题，与同行自由研讨，努力自我反思，才能升华教学理念，提高教学业务水平，优化教学技能与方法，提升专业素养。

3. 自然生长——建构课堂教学的"远点"

核心素养视域下的课堂教学，从"关注知识"走向了"关注人的成长"。听课评课活动中，听课评课者要从关注"如何教"走向关注"如何学"，努力建构以发展学生核心素养为目标的理想课堂。

二、努力实现听课评课的视角转换

（一）听课评课理论精要

听课评课者首先需要关注课堂教学的整体，是否服从与服务于"完整"培养学生素养的需要，是否基于"立德树人"的根本发展方向，其过程是否采用合适的方式，基于学生的成长特点展开。从这个意义上说，听课评课需要关注"整体性"的学生素养培育，体现课堂教学活动的系统性及过程性的统一。

教学情境是指与教学内容相联系的由教师提供的具体的活动场景和学习资源，用以激发学生的兴趣，提高学习效率。其实，课堂教学情境可以分为创设具体的生活场景和提供学习资源两大类。例如，许多教师依托现代教育技术形、色、声兼备的优势，充分利用其丰富的表现形式、广泛而又深刻的表现力以及强烈的感染力等特点，创设新的教学情境。

由于在新的教学情境中，教师的教学方式、学生的学习方式、师生之间的交往方式等都发生了变化，再加上课程因素的增加和教学环境的改变，听课的视角就要跟着变化。因此，听课评课活动中，听课评课者必须关注这种课堂的"情境性"，以获得更多对课堂的认识与理解。

教学活动实际上是一个不断反思过去、立足当前、前瞻未来的螺旋式上升的过程。因此，听课评课活动应努力体现发展性。

这种发展性意味着听课评课除了要关注学生个性的发展（包括个人与过去和现实的联系、价值、情感、需要、信念等）和能力的提高（包括认知、处事、生存与交往的能力），还要关注教师能否将塑造及发展学生的个性作为己任，而非纯粹地视拓展学生知识为职责，能否博采众长以促进全体成员个性的共同发展。同时，发展的外延是指人的全面发展，即个体在成长过程中逐步趋向社会化。听课评课也应着眼于此，即教师是否在教学的全程中关注并努力促成学生成为社会的人。听课评课也要从教师个体的纵向变化和与群体的横向比较中，对教师的专业知识、专业技能、教学能力和科研成果等做出恰如其分的评价，以教师的发展来引领课堂教学的进一步发展。

（二）听课评课实践指南

1. 关注学生的情绪状态

核心素养的"自主发展"维度对学生也提出"乐学善学"的要求，学生在学习过程中的情绪状态无疑是听课评课者必须关注的。

良好的情绪不仅能使人产生超强的记忆力，而且能活跃创造性思维，充分发挥心理潜力；而忧郁苦闷、焦虑不安等不良情绪则会降低人们的智力活动水平及学习的积极性。

关注学生的情绪状态，首先要关注愉快心境保持的时间。一名学生在一节课中如果能持久地保持良好的学习心境，那么这节课对他来说是高效的。但事实上，这种情况非常少见。

其次，还应关注保持学生愉快学习心境的方式方法。任何一节课，只有先抓住了学生的学习兴趣，才会让学生的情绪自然高涨。学习兴趣是学生基于自己的学习需要而表现出来的一种认识倾向。影响学生学习兴趣的因素有多种，诸如和谐的师生关系、教师的教学水平和教学策略、赏罚情况等都会影响学生学习的积极性。

2. 关注学生在学习中的参与状态

苏霍姆林斯基曾经说过："在人的心灵深处，都有一种根深蒂固的需求，这就是希望感到自己是一个发现者、研究者、探索者。"这种需求也就是参与交往的需求。现代教学论指出，教学过程是师生交往、积极互动、共同发展的过程。学生的参与状态、参与程度直接影响着教学的效果。因为真正有效的学习必须是在积极参与、互动交往下进行并达成的。参与状态良好的学生，总能积极踊跃、满怀热情地投入课堂教学之中，当教师在教室中走动时，他们的眼睛会追随着教师并且闪闪发亮。

自主学习、探究学习、合作学习都是以学生的积极参与为前提的，没有学生的积极参与，就不可能有自主、探究、合作学习，更不可能有创新意识与实践能力的发展。"做中学"理念的倡导者蒙特梭利曾说过这样一句话："我看到了，我忘记了；我听到了，我记住了；我做过了，我理解了。"蒙特梭利把上课定义为工作，学生的工作。工作是人性的一种体现，学生和成人一样，没有工作心中不安所以，教师应让学生选取感兴趣的材料，在过程中自我探索、自我学习、自我发现、自我建构、自我发展。

3. 关注学生的思维状态

好的课堂教学，必然需要学生投入大量的智力劳动，表现为：课堂中人人眉头紧锁，苦苦思索，进而茅塞顿开，喜形于色，双目放光，侃侃而谈，并争得面红耳赤。听课评课中，听课评课者可重点关注学生的以下表现：学生是否围绕讨论的问题积极思考，踊跃发言；学生回答问题的语言是否流畅、有条理，是否善于用自己的语言阐述观点；学生是否敢于质疑，提出有价值的问题并展开讨论；学生的回答或见解是否有自己的思考或创意。

但学生在课堂上的表现不太理想的情况也时有发生，譬如思考问题不积极，回答问题不主动等。部分教师往往怪罪于学生，却不从自身寻找原因。卢梭在《思维》一书中指出，情感伴随着思维，当学生在课堂上情绪消极、缺乏激情的时候，他们的思维处于抑制状态，学习效率会大为降低，此时，教师应当担当起调控学生情绪、激发学习热情的角色。

亚里士多德说过："思维是从惊奇开始的。"关注学生的思维状态，首先要从关注学生的提问开始，要让学生有一种丰富多彩、引人入胜的智力生活，保持思考和记忆的和谐。教师需要创设情境，把学生引领到思考的道路上来。其次，教师要关注学生的学习需求，要给学生发现问题、思考问题的时间和机会。课堂上，教师要给学生以宽适的心理空间，少一些讲解，多一些期待和耐心。最后，教师还要注意培养学生提问的勇气和习惯。总之，课堂教学只有关注学生的学习需求，才能真正激发学生内在的学习动机。一个丰富多彩的、生动的课堂才能为学生提供探索、发现、创造的平台。

关注学生的思维状态，将会促进学生更快更好地成长。而教师，也在积极思维中提升专业素养和教学水平。

实践中，用理想的好课标准来评价教师课堂教学，容易使教师产生挫败感，影响教师参加课堂研讨的积极性，严重时甚至会伤害教师的自尊心。其实，核心素养视域下的听课评课活动不需面面俱到，只需重点围绕学生核心素养培育的方式方法进行。评课时，评课者应该秉持客观公正的原则，对被评者多鼓励，少指责与批评，与被评者平等对话，让评课成为教师心灵交流的平台，促进教师专业化成长。

三、突出对师生课堂学习活动的观察与分析

核心素养时代，传统的听课评课需要进行积极的转换。传统的课堂教学评价基本上是确定一个评价指标，根据评价指标制订一套评价量表，再根据量表对某教师的课进行打分，综合统计即为评价结果。核心素养的提出，要求听课评课者在听课评课过程中注重对师生课堂学习活动的观察与分析，以这样的方式来找寻最佳的教学策略，以促进学生核心素养的生成。

（一）课堂学习活动理论精要

为什么核心素养视域下，听课评课应该突出对师生课堂学习活动的观察与分析呢？首先听课评课者要认识核心素养。核心素养是素养系统中具有基础性的成分，即关键素养，核心素养代表了一系列知识、技能和态度的集合，是每个人发展自我、融入社会及胜任工作所必需的，是人进一步成长的内核。抓住了核心素养也就抓住了教育的根本。学生发展核心素养，必须落实在课堂教学中，这是课程改革十分重要的任务，其中课堂是改革主阵地，教师是践行的主力军。

听课评课是对课堂教学活动的观察、分析和研究。听课评课是为了观察、研究教师的教学行为的科学性、有效性和创造性，也是为了观察和了解学生学习的主动性、学习方法和学习行为的有效性，更是为了观察和了解教师教学与学生学习行为是否和谐、统一。

传统的听课评课将观察和分析的重点放在分析教学目标的确定是否全面、

具体、适宜，是否体现学科特点，是否符合学生年龄和认知规律，教学目标是否明确体现在课堂教学的每一个环节中，教学手段是否都紧密围绕目标，为实现目标来服务；教学思路是否符合实际，层次和脉络是否清晰以及教学思路的设计是否有创造性，引人入胜。

然而核心素养视域下，听课评课应该突出对教师与学生学习活动的观察与分析。这是为什么呢？核心素养的提出要求课堂教学开展以学习为中心的教学活动，这是学生形成和发展核心素养的重要保障，将促进学生核心素养的发展放到了最中心的位置。教师要充分尊重每名学生，促使每名学生都得到全面的发展。课堂上以学生为主体的互动和对话增加了，教师也为学生创设了更多的交流、合作、探索的空间，课堂的预设越来越少，课堂的生成与精彩越来越多。学生对学习的需求也在转变，从被动的接受转变成主动的求索，因而教师开发的课程资源越来越多，对教材的深加工与创造性使用使教材不再成为师生的主宰。可见，这样的课堂教学的改变绝对不可能用标准化的量表来衡量和评价，只有通过听课评课者观察和分析师生的具体活动才能获得。

在这样以学习为中心的课堂上，教师的指导激发了学生学习的主动性和积极性，使学生在有效的学习过程中发展自己的核心素养。课堂教学的这一特点决定了听课评课者必须摈弃传统的课堂以教师为主导的听课评课模式，从"观教"走向"察学"。

（二）核心素养视域下的听课评课实践指南

在核心素养视域下的听课评课实践中，教师如何来突出对课堂教学活动中师生的观察与分析呢？以下是要注意的几个方面。

1. 关注师生角色的转变

传统教学活动中，教师设计好教学环节，组织好学生参与各个环节，以讲解为主要的教学方法，来完成教学活动；学生在课堂上是接受者的身份，被动接受。而在核心素养视域中，对师生角色的定位发生了根本性的转变，教师转变成学习活动的协助者与参与者；学生成为学习的主体。在教学中，教师及时捕捉学生的反应，调整教学策略，在学生学习活动中适当地推一推，拉一拉，成为学生的共同伙伴，并对学生在学习中的收获给予及时的、朋友式的激励。在课堂教学中，教师有效倾听、及时追问、恰当点拨，在转变角色的同时，点燃学生的思维火花，让师生的思维在课堂中碰撞。

学生的角色同样也在转变，他们不再是被动的接受者，而是转变成积极的建构者、参与者。他们需要在课堂中进行探索、研究，课堂更具有开放性。在探究活动中，相互的交流和合作会使学生进一步释放自己的天性、个性，他们将寻找适合自己的学习的起点和路径，在个性化的学习中放松地思维与想象。同时学生个性化的学习也会以无法预计的方式去触动教师，引发教师在教学上创造性的变化，从而促进师生的共同成长，即所谓"教学相长"。

2. 关注课堂教学的有效性实施

（1）把课堂的自主权交还给学生

课堂是师生精神相遇的地方，以学生的学习为核心，视学生主动学习、创造性地学习、享受学习为教学的最高境界，这既是教育的本质回归，更是核心素养的根本要求。教师通过平等对话与自由交流，给予学生尊重和信任，鼓励和引导学生发挥自身的能动性，应用最适合自己的方式，做到明确目标主动学、端正态度自觉学、培养习惯勤奋学、讲究方法高效学，即观念上想学、情感上乐学、行动上会学，使学生在认知、情感与意志和谐而充分的发展中生成核心素养。

（2）了解学情，掌握学生的最近发展区

教师要从"学科教学"转向"学科教育"，教师要明白作为"人"的核心素养有哪些，学科本质是什么，在自己的课堂教学空间中要把学生带向何方。要弄明白这些问题，教师必须全方位地研究学情，让有序、有距离感的知识因为贴近了学生，接上了学生生活的地气，再联系了相关知识的理论，很自然地打通核心素养的培育路径。全方位掌握学情，必然要研究学生的现状，掌握学生的最近发展区。

（3）创设生活化的情境，营造生活的课堂

生物的课堂必然是生活的课堂。要让生物学课堂充满着生活气息，教师在课堂中要善于创设生活化的情境，让学生从生活情境自然过渡到学习情境，让生活中的问题在课堂上出现，等待学生的解决，自然而然地激发学生学习生物的热情和积极性。在利用生物的知识解决了生活情境中的疑问之后，学生会从内心产生一种认同感，认为生物知识是有用的知识，并会在以后的学习中更关注知识在生活中的应用。与生活息息相关的片段都会让学生眼前一亮，使他们非常兴奋地投入课堂中，互动热烈，真正创造轻松和谐的课堂氛围。

3. 关注生成素养的课堂评价

课堂评价的主要目的是全面了解学生生物课程学习的过程和结果，激励学生学习，也改进教师教学。在培养学生核心素养的目标下，课堂评价要全面评价学生在学习的各个方面的表现，不仅要关注学生的学习结果，更要关注学生在学习过程中的发展和变化。建构主义认为，知识是在学习过程当中由学生主动建构的，那么教师就要创设有助于学生探究思考、交流合作的任务情境，不断引导学生体验、探索、思考，不断解决问题，从而建构知识并生成核心素养。在这个过程中，教师要不断评价学生的认识或理解，解决疑虑及困惑，并根据评价所获得的信息及时调整课堂的学习任务或活动环节，使课堂评价更好地促进课堂教学。这样的课堂评价，才能更有效地培养学生的核心素养。在听课评课的过程中，听课评课者更应该注意教师对学生的评价是否能促进其核心素养的形成。

参 考 文 献

［1］徐勇.核心素养与中学生物教学［M］.成都：四川大学出版社，2019.

［2］王运贵.高中生物学核心素养教学指导［M］.青岛：青岛出版社，2019.

［3］俞如旺.生物学教学技能微格训练［M］.北京：科学出版社，2019.

［4］肖麟.高中生物教学有效性探讨［M］.长春：吉林人民出版社，2019.

［5］张彩云，段启辉，万玲敏.微课堂与高中生物教学结合的路径探析［M］.
长春：吉林人民出版社，2019.

［6］樊晓云.多样化教学方法下的中学生物学教学研究［M］.长春：吉林人民
出版社，2019.

［7］燕艳，张祥沛，徐宜兰.生物学教学论［M］.北京：科学出版社，2019.

［8］箭如旺.生物学教学技能微格训练［M］.北京：科学出版社，2019.

［9］孙军，袁萍，刘琳.生物化学与分子生物学精讲精练［M］.北京：世界图
书出版公司，2019.

［10］吴筱玫.核心素养导向的备课［M］.天津：天津教育出版社，2018.

［11］王健等.基于学生核心素养的生物学科能力研究［M］.北京：北京师范
大学出版社，2018.

［12］吴颖惠，李芒，侯兰.基于互联网教育环境的深度学习［M］.北京：人
民邮电出版社，2018.

［13］陈坚.生物教学理论与设计案例研究［M］.北京：九州出版社，2018.

［14］邓可.中学生物实验教学研究［M］.北京：中国农业大学出版社，2018.

［15］王亚洲，陈军.高中课堂教学设计汇编：生物篇［M］.北京：北京邮电
大学出版社，2018.

［16］庞丽娟，李新花.生物学科知识与教学能力［M］.北京：北京师范大学

出版社，2018.

［17］冀芦沙，曹雪松，郭尚敬.生物化学教学设计与高效学习［M］.北京：科学出版社，2018.

［18］张芹，侯红璆，吕萍.全科型教师教学基本技能实训教程［M］.昆明：云南大学出版社，2018.

［19］程锐创.学生发展核心素养视域下的课堂教学指南：初中生物［M］.长春：东北师范大学出版社，2017.

［20］张仁贤，王姣接.学生发展核心素养教师读本［M］.北京：世界知识出版社，2017.

［21］米云林.促进深度体验的核心问题教学评价研究［M］.成都：电子科技大学出版社，2017.

［22］王庆红，吴庆红.高中生物实验拓展［M］.长春：吉林人民出版社，2017.

［23］张文君.高中生物实验拓展与创新［M］.宁波：宁波出版社，2017.

［24］陈红燕.中学生物渗透生态伦理教育的探索与实践［M］.广州：华南理工大学出版社，2017.

［25］焦更生.教育教学研究（2016）［M］.西安：西安交通大学出版社，2017.

［26］宋秋前，邱军峰.名师教学艺术与成长经验（下）［M］.杭州：浙江大学出版社，2017.

［27］朱琦，苗素平，陈怡.生物教学模式与实验创新［M］.长春：吉林人民出版社，2017.

［28］郭岩丽.高中生物高效课堂教学模式研究［M］.成都：电子科技大学出版社，2017.

［29］陈侠.教师教学基本能力解读与训练：中学生物［M］.北京：北京理工大学出版社，2017.

［30］程锐创.学生发展核心素养视域下的课堂教学指南：初中生物［M］.长春：东北师范大学出版社，2017.